Andreas Schlüter

City Crime

Blutspur in Berlin

Mit Bildern von Daniel Napp

TULIPAN VERLAG

Ein besonderer Tag

Der Radfahrer kam von hinten. Joanna bemerkte ihn nicht. Auch Finn hätte ihn übersehen, wenn er sich nicht instinktiv genau im richtigen Moment umgeschaut hätte. Das Fahrrad raste direkt auf sie zu.

»Pass auf!«, rief Finn, schubste seine ältere Schwester zur Seite und sprang selbst zur anderen. Joanna stieß gegen die Hauswand. Doch noch ehe sie sich bei ihrem Bruder wegen des rabiaten Stoßes beschweren konnte, sauste der Radfahrer an ihrer Nase vorbei. Sie zog noch schnell den Kopf ein und schützte ihn mit den Händen. Dafür bekam sie den Ellenbogen des Rüpels so heftig in die Rippen gerammt, dass ihr für einen Moment die Luft wegblieb.

Finn schaute dem Wahnsinnigen fassungslos hinterher. »Tickt der nicht mehr ganz richtig?«, schimpfte er und half seiner Schwester, die sich die Seite hielt und tief durchatmete.

»Mann«, stöhnte sie. »Wenn du nicht gewesen wärst, hätte der mich glatt über den Haufen gefahren!« Ihre Beine zitterten.

»Willst du dich setzen?«, fragte Finn.

Joanna schüttelte den Kopf. Auch, weil es weit und breit keine Sitzgelegenheit gab.

»Nein, schon gut«, sagte sie mit bebender Stimme. »Mann, hier in Berlin sind die Radfahrer ja gemeingefährlich! Komm, wir gehen lieber schnell hinein.«

Sie standen vor einem kleineren Seiteneingang des Reichstags, dem Sitz des Deutschen Bundestags.

Finns Schritte verlangsamten sich, als er die Schwelle betrat. Nicht, weil das Gebäude an dieser Stelle besonders imposant und majestätisch war. Im Gegenteil! Es wirkte alles wie bei einer ganz normalen Behörde. Was Finn Respekt einflößte, waren die zwei Sicherheitsleute in dem Glaskasten am Eingang. Gerne ließ er Joanna den Vortritt. Hinter ihnen wartete bereits eine ganze Schulklasse.

Ein Mann in einem dunklen Anzug zwängte sich durch die Schülertraube hindurch, hastete an Finn vorbei und hielt kurz einen Ausweis in die Höhe, den in dieser Eile sicher niemand lesen konnte. Dennoch öffnete sich die Sicherheitsglastür neben der Pförtnerloge mit einem lauten Summen und ließ den Mann passieren, sodass er sein Tempo nicht verringern musste. Einer der beiden Sicherheitsleute nickte ihm freundlich zu. Offenbar war der Mann bekannt. Erstaunlich, fand Finn. Wo doch in diesem Gebäudekomplex 1600 Leute arbeiteten. Das hatte er in einer Informationsbroschüre gelesen.

Joanna drehte sich zu ihm um. »Wo bleibst du?«

»Ich komm schon«, antwortete Finn leise.

Denn auch er und seine Schwester besaßen Ausweise, mit denen man ihnen sofort Einlass gewähren würde.

Joanna und ihr Bruder hatten sich neben einigen Tausend anderen Schülern für das erste »Bundes-Kinderparlament« beworben, das im echten Bundestag in Berlin tagen würde. Bisher hatte es nur sogenannte »Jugendparlamente« gegeben, die nichts weiter waren als Rollenspiele. Die Jugendlichen mussten konservative oder linke Politiker spielen und über bestimmte politische Themen diskutieren. Joanna und Finn fanden das total öde. Außerdem waren sie noch nicht alt genug, um mitmachen zu dürfen.

Das Kinderparlament hingegen war etwas vollkommen Neues. Alle fünfzig Teilnehmer waren in Finns und Joannas Alter: zwischen zehn und vierzehn Jahren, wobei die Hälfte aus Berlin und Brandenburg stammte. Sie waren per Losverfahren ausgewählt worden und durften, ja, sollten ihre eigenen Meinungen vertreten. Und in den vier Tagen, in denen sie im Parlament saßen, mussten sie etwas entscheiden: In der Nähe des Parlamentsgebäudes sollte eine Fläche neu bebaut werden. Es gab Baupläne für einen großen Abenteuerspielplatz und ein Gamehouse, also eine Art »Haus der Jugend« voller Computerspiele. Welches der beiden Projekte realisiert werden sollte, hatte das Kinderparlament zu entscheiden! Deshalb kamen die meisten Kinder direkt aus der Stadt oder der Umgebung, weil ein Bau vor Ort zur Abstimmung stand.

»Na, auch zum Kinderparlament?«, fragte plötzlich ein Junge, der unbemerkt hinter Finn aufgetaucht war. Offenbar hatte er Finns Ausweis erkannt, den er in der Hand hielt. Er hatte einen ebensolchen zwischen den Fingern. In der anderen Hand hielt er ein Mini-iPad, auf dem er einen Lageplan des Gebäudes sowie die Einladungs-Mail mit den Hinweisen zur Anreise geöffnet hatte.

»Hallo!«, grüßte Finn. Sein Blick aber blieb aufs iPad geheftet. »Schönes Teil! Ist es das neueste?«

»Ja, das iPad-Mini 4!«, schwärmte der Junge. »Total krasses Teil!«

»Wow!«, sagte Finn. Er wusste, dass dieses Gerät noch nicht lange auf dem Markt war, und vor allem, dass er es sich niemals hätte leisten können. »Wo hast du das denn her?«

Der Junge blickte auf, schaute Finn skeptisch an und fragte in einem Ton, als ob er Finn ein Geheimnis entlocken wollte: »Du hast keines?«

Finn schüttelte den Kopf. »Nein, natürlich nicht! Meine Eltern würden mir nie so etwas kaufen. Viel zu teuer!«

»Meine Eltern auch nicht«, sagte der Junge, was Finn erneut verblüffte.

»Du hast es selbst gekauft?«

»Sorry, ich muss jetzt rein! Wir sehen uns später«, antwortete der Junge, hielt einem der Pförtner seinen Ausweis entgegen und wurde hineingelassen.

Finn schaute dem Jungen immer noch staunend hinterher. Nicht von seinen Eltern? Woher hatte er es dann?

»Finn, wo bleibst du?«, drängelte Joanna.

»Hast du den gesehen?«, fragte Finn und erzählte seiner Schwester von seiner Begegnung mit dem Jungen.

Joanna winkte ab und durchquerte gemeinsam mit ihm die Einlasskontrolle. »Womit du dich wieder beschäftigst! Schau dich lieber mal um: Das hier ist das Königsschloss der heutigen Zeit, sozusagen!«

»Na ja.« Finn wackelte ein wenig mit dem Kopf. »Königsschloss?«

»Klar!«, beharrte Joanna. »Nur ohne König. Aber gemessen an den Königen in früherer Zeit hat die Bundeskanzlerin bestimmt mehr Macht.«

»Meinst du?«, fragte Finn. Das konnte er sich nicht vorstellen.

»Zumindest redet sie auf internationalen Kongressen über die Gesetze von Ländern mit, von denen die Könige früher nicht mal wussten, dass die überhaupt existierten«, dozierte Joanna. Sie hatte sich gut vorbereitet.

»Die Kanzlerin sitzt gar nicht hier in diesem Gebäude, sondern da hinten im Kanzleramt«, warf ein Mädchen ein, das im selben Alter wie Joanna war. Sie hatte ihre langen schwarzen Haare zu einem strengen Pferdeschwanz zusammengebunden, was ihr einen kritischen Blick von Joanna einbrachte. Dazu trug sie eine enge dunkle Hose und eine gelbe Sommerbluse. »Ich bin Sandra!«

Joanna bemerkte, dass Sandra nur eine kleine Handtasche bei sich trug. Keinen Rucksack mit einer Wasserflasche, mitgebrachten Broten, Riegeln und einem Pullover für den Fall, dass die Räume zu sehr klimatisiert waren. Das alles befand sich in Joannas Rucksack, die sich nun ebenfalls vorstellte. »Und das ist mein kleiner Bruder Finn.«

Finn stöhnte auf. Das »kleiner« konnte Joanna sich natürlich mal wieder nicht verkneifen.

»Und?«, fragte Joanna. »Spielplatz oder Gamehouse? Wofür bist du?«

»Spielplatz!«, antwortete Sandra.

Über Joannas Gesicht zog sich ein breites Lächeln. Dann ein fordernder Blick zu Finn. »Siehst du? Nur du kannst dich mal wieder nicht entscheiden!«

»Was heißt denn hier *mal wieder*?«, verteidigte Finn sich. Er fand sowohl die Idee mit dem Spielplatz als auch die mit dem Gamehouse toll und fragte sich, weshalb man nicht einfach beides bauen konnte, jeweils etwas kleiner.

Joanna dagegen wollte leidenschaftlich für den Abenteuerspielplatz plädieren. Dazu hatte sie schon eine Rede geschrieben. Sie wusste über die Facebook-Seite des Kinderparlaments, dass die Meinungen ausgeglichen waren. Es würde auf jede Stimme ankommen.

»Bin gleich wieder da!«, entschuldigte sich Finn. Er hatte keine Lust, sich noch länger für seine Unentschlossenheit rechtfertigen zu müssen.

Er musste ein Stückchen gehen, bis er eine Toilette gefunden hatte. Zum Glück war sie leer. Leider nicht lange. Kaum hatte er sich ans Pissoir gestellt, tauchte ein junger Mann auf, der sich direkt vorm Pinkelbecken neben ihm aufbaute. Dabei gab es doch genügend freie, sodass er auch weiter weggehen konnte! Finn warf dem Mann einen ärgerlichen Blick zu. Der Typ glotzte zurück. Schnell wandte Finn seinen Blick ab.

Und stutzte.

Moment mal! War das nicht …? Finn glaubte den Typen wiedererkannt zu haben, der vor einer halben Stunde um ein Haar ihn und Joanna umgefahren hätte. War das möglich? Und wenn ja, war es nur ein Zufall, dass sie sich jetzt hier wieder trafen?

Finn wagte noch einen vorsichtigen Blick zum Nebenmann. Der war schon fertig.

›Ging aber schnell‹, dachte Finn. Hatte der überhaupt gepinkelt?

»Pass gut auf deine Schwester auf!«, zischte der Mann ihm plötzlich zu.

Finn zuckte zusammen und musste aufpassen, dass er nicht versehentlich danebenzielte. Hatte er sich verhört?

»Deine Schwester ist in Gefahr, wenn sie so weitermacht«, behauptete der Mann weiter. »Du solltest besser auf sie aufpassen.«

»Hä?«, fragte Finn.

Doch da war der Mann schon wieder verschwunden. Ohne sich die Hände zu waschen.

Jetzt war Finn sich sicher: Das *war* der Radfahrer gewesen! Und insofern hatte er ihm auch keinen gut gemeinten Rat gegeben. Das war eine Drohung gewesen!

Finn war nun fertig. Hastig wusch er sich die Hände, so flink und flüchtig, wie seine Mutter es ihm niemals hätte durchgehen lassen. Aber das spielte jetzt keine Rolle.

Er raste los, zurück zu seiner Schwester. Ein-, zweimal musste er kurz stehen bleiben, um sich zu orientieren. ›Jetzt bloß nicht verlaufen!‹, dachte er. Doch dann fand er den richtigen Weg und kam abgehetzt bei seiner Schwester an. Sie stand immer noch alleine da, wo er sie verlassen hatte.

»Oh Mann!«, klagte sie. »Ging das nicht schneller?«

»Noch schneller?« Er konnte sich nicht erinnern, jemals so kurz auf einer öffentlichen Toilette gewesen zu sein. »Ich muss dir was erzählen.«

Joanna runzelte die Stirn. Normalerweise hätte sie Finns Bericht als Spinnerei abgetan. Aber dass der Radfahrer sie beinahe angefahren hätte, ergab jetzt einen Sinn. Es war kein Beinahe-Unfall gewesen, sondern eine Art Attentat!

»Aber wieso droht der mir?«, fragte Joanna. »Was hab ich denn getan?«

Finn zuckte mit den Schultern. »Keine Ahnung. Auf jeden Fall hat er gesagt, du wärest in Gefahr, wenn du so weitermachen würdest wie bisher.«

»Weitermachen? Womit?«, fragte Joanna verzweifelt.

»Weiß ich doch nicht!«

Joanna nahm die Sache zwar ernst. Aber die Drohung war zu diffus, um ihr wirklich nachgehen zu können.

»Wo ist denn diese Sandra?«, fragte Finn.

»Die wollte ein Stück Kuchen essen gehen. Ich hab gesagt, wir kommen vielleicht nach!«, erklärte Joanna.

Bis sie sich zum ersten Mal mit allen Kinderparlamentariern trafen, hatten sie noch ein wenig Zeit. Erst in einer Stunde sollten sie sich im Fraktionssaal der Grünen einfinden. Deren

Raum hatte gerade die richtige Größe: Die Fraktion der Grünen zählte 63 Mitglieder, das Kinderparlament fünfzig. Zu den Sitzungen durften sie in den richtigen Plenarsaal des Bundestags, den man auch immer im Fernsehen sah. Den konnte man im Moment aber nur durch die großen Glasfenster vom Flur aus sehen.

Finn hielt sich die Hände vors Gesicht und wandte seinen Blick ab, als er die violettfarbenen Sessel der Abgeordneten sah. »Puh!«, stöhnte er. »Wer hat sich denn diese Farbe ausgedacht?«

»Vielleicht ein Farbenblinder«, kicherte Joanna. Auch sie war für diese Farbe nicht sonderlich zu haben.

Die Kinder würden zwar noch eine offizielle Führung durch den gewaltigen Gebäudekomplex bekommen. Aber Joanna fand, dass sie sich schon mal ein wenig auf eigene Faust umsehen sollten. Schließlich gab es in diesem Gebäudeteil nicht nur den Plenarsaal, sondern auch die Fraktionsräume, viele Abgeordnetenbüros, die Büros der Mitarbeiter, unzählige Sitzungsräume und auch einige Cafés und Kantinen. Allerdings beschlich Joanna ein unbehagliches Gefühl, seit Finn ihr von der Drohung auf der Toilette erzählt hatte. Bei jedem Schritt sah sie sich um.

»Ist er noch hier?«, fragte sie.

Aber weder Finn noch Joanna konnten jemanden entdecken, der sie im Visier haben könnte. Im Moment sahen sie überhaupt niemanden, was fast genauso gespenstisch war, wie beobachtet zu werden.

Sie zogen weiter durch einen hell gefliesten Gang. Dort standen schwarze Ledersofas vor Wänden, die teilweise aus den alten Mauern des ehemaligen Reichstagsgebäudes bestanden.

»Da hat jemand auf die Wand gekritzelt!«, rief Finn. »Schau mal!«

Tatsächlich waren handschriftliche Sätze zu erkennen, wie mit Bleistift geschrieben und in einer Schrift, die Finn nicht lesen konnte.

»Das ist Kyrillisch«, wusste Joanna. Sie hatte über diese Wand in der Vorbereitung gelesen. »Russische Schriftzeichen. Russische Soldaten haben sie 1945 an den Reichstag geschrieben, nachdem sie Berlin erobert, die Nazis besiegt und damit den Zweiten Weltkrieg beendet hatten. Zur Erinnerung hat man beim Neubau diese Wände und Schriftzeichen stehen lassen.«

Plötzlich hallten Schritte durch den Flur. Joanna zuckte zusammen. Finn sah sich um, entdeckte aber niemanden.

»Ob er das wieder ist?«, fragte Joanna ängstlich.

»Ob er was ist?«, fragte Sandra, die plötzlich ohne Vorwarnung neben ihnen stand.

Joanna atmete tief durch. »Hast du mich erschreckt!«

»Wieso?«, wunderte sich Sandra. »Läufst du vor jemandem davon?«

Joanna betrachtete sie eingehend, und Finn wusste, dass seine Schwester überlegte, ob sie Sandra einweihen sollte.

»Bist du schon mal bedroht worden?«, fragte sie.

Sandra zog die Augenbrauen hoch. »Bedroht? Wie meinst du das?«

»Na ja …« Joanna zögerte noch, entschloss sich dann aber nach einem kurzen Blickwechsel mit Finn, Sandra einzuweihen, und erzählte ihr alles.

Sandras Reaktion war eindeutig. Sie glaubte ihnen nicht, obwohl sie das nicht so offen ausdrückte.

»Vielleicht hast du ihn missverstanden?«, fragte sie Finn.

»Was gibt es denn da misszuverstehen?«, gab Finn empört zurück. »Der Typ hat eindeutig gesagt, dass meine Schwester in Gefahr ist, wenn sie so weitermacht!«

»Womit weitermacht?«, hakte Sandra nach.

Genau darauf hatten Finn und Joanna ja eben auch keine Antwort.

»Na, seht ihr«, triumphierte Sandra. »Vielleicht hast du nur die Flirtversuche von irgend so 'nem Knallkopf übersehen.« Sandra zwinkerte Joanna zu. »Und nun ist er sauer. Ist mir auch schon mal passiert.«

»Wahrscheinlich.« Joanna wäre so eine harmlose Lösung sehr lieb gewesen.

»Flirtversuche?«, widersprach Finn. »Der Typ war mindestens zwanzig!«

Er kannte zwar Joannas Leidenschaft fürs Flirten, und er wusste auch, wie viele Jungs hinter seiner Schwester her waren. Aber doch keine Erwachsenen! Und Flirtversuche mit seiner Schwester sahen auch anders aus, als ihn – ihren Bruder – beim Pinkeln zu bedrohen!

»Also wirklich, Finn! Deine Schwester ist nicht Innenminister oder so, sondern eine ganz normale Schülerin. Okay?« Sandra wollte die Debatte beenden.

Joanna war einverstanden. Finn sagte nichts mehr. Gemeinsam zogen sie weiter durchs Parlamentsgebäude. Doch Finn nahm sich vor, wachsam zu bleiben.

In dem Moment klingelte Sandras Handy. Sie fummelte es aus ihrem Täschchen und nahm das Gespräch an: »Hallo Paps!«

Finn erkannte mit einem Kennerblick, dass Sandra das neue iPhone 6s besaß, das auch noch nicht lange auf dem Markt war.

›Nicht schlecht‹, dachte er. Ihr »Paps« musste echt Kohle haben. Sofort fiel ihm wieder der Junge von vorhin ein. Der hatte allerdings behauptet, sein iPad hätte er nicht von seinen Eltern bekommen.

Sandra entschuldigte sich mit einer Geste und ging ein paar Schritte weiter, um ihr Gespräch zu führen. Finn und Joanna warteten.

»Irgendetwas geht hier vor«, flüsterte Finn seiner Schwester zu. »Erst der Radfahrer, dann die Warnung auf dem Klo, der Junge mit dem iPad und nun sie mit dem neuesten iPhone.«

Joanna sah ihren Bruder verwirrt an und schüttelte den Kopf: »Was? Was hat denn ihr iPhone mit dem Radfahrer zu tun? Jetzt spinnst du aber echt.«

Finn sagte nichts weiter. Und kam auch gar nicht dazu. Sandra hatte ihr Gespräch beendet und ging zu den beiden zurück.

»Das war nur mein Vater. Ob alles gut wäre. Kennt ihr sicher …«

Joanna nickte. »Allerdings.«

»Schau, dort hinten rechtsherum geht's zum nächsten Café«, sagte Sandra. »Wollt ihr wirklich jetzt keinen Kuchen? Ich könnte einen vertragen.«

Joanna und Finn stimmten zu.

Das Café war bereits gut gefüllt. Nur wenige Tische waren noch frei. Die drei fanden einen gleich neben dem Eingang und setzten sich. Finn wunderte sich, wie viele Leute vormittags um halb elf schon im Café saßen. Mussten die nicht arbeiten?

»Die arbeiten doch«, erklärte Sandra. »Jedenfalls viele von denen. Es sieht auf den ersten Blick nur nicht so aus. Sie werten irgendwelche Sitzungen aus, debattieren verschiedene politische Fragen, checken ab, was der andere über dieses oder jenes Thema denkt, und so weiter.«

»Gutes Stichwort!«, unterbrach Joanna sie. »Also, du bist doch auch *für* den Abenteuerspielplatz, oder?«

»Hab ich doch gesagt!«, erinnerte Sandra sie.

Joanna hatte das nicht vergessen. »Ich wollte nur noch mal sichergehen. Ich glaube, die Abstimmung wird knapp werden.«

Sandra lächelte sie an. »Siehst du, genau so funktioniert Politik. Viele der Leute, die hier bei Kaffee und Kuchen oder einem zweiten Frühstück sitzen, machen genau das: Sie checken Dinge ab für die nächsten Abstimmungen. Genau wie du jetzt!«

»Aha?« Joanna sah sich um. Was eben noch wirkte wie ein beliebter Tummelplatz für Feriengäste, sah nun aus der neuen Perspektive ganz anders aus.

Sandra stand auf. »In diesem Café ist Selbstbedienung. Soll ich euch etwas mitbringen? Hier gibt es leckeren Erdbeerkuchen.«

»Du warst schon mal hier?«, wunderte sich Joanna.

»Öh … nö«, stotterte Sandra wieder. »Hab ich eben gelesen, da vorn auf der Tafel. Also: auch Erdbeere?«

»Ja, gern!«, antwortete Finn.

Sandra ging los. Joanna sah ihr hinterher und stieß dann ihren Bruder an.

»Warum verschweigt sie uns, dass sie schon mal hier war und sich auskennt?«

»Wie kommst du denn darauf?«, wunderte sich Finn.

Joanna wies mit einem leichten Kopfnicken auf die Tafel am Eingang, auf der das Mittagsmenü angepriesen wurde.

»Da steht nichts von Erdbeerkuchen, oder?«, stellte sie fest. »Aber Sandra weiß nicht nur, dass es hier welchen gibt, sondern auch, dass er lecker ist. Woher, wenn sie noch nie hier war?«

Finn pfiff durch die Zähne. »Ich hab's doch gesagt. Irgendetwas passiert um uns herum, von dem wir nichts wissen!«

Kurz darauf kehrte Sandra mit vollem Tablett zurück. Joannas ernste Miene wechselte sofort zu einem freundlichen Lächeln. Finn konnte das nicht. Er guckte weiter skeptisch.

»Du bist also für den Abenteuerspielplatz, darauf kann ich mich verlassen?«, begann Joanna wieder das Gespräch.

»Ja!«, versicherte Sandra. »Ich hab meine Rede schon fertig.«

»Cool!« Jetzt ließ Joanna ein Lächeln aufblitzen. »Ich auch!«
Finn schob sich ein großes Stück Torte in den Mund.

»Und du?«, fragte Sandra.

»Ich höre mir die Debatte erst an und entscheide danach, wer
die besseren Argumente hat. So funktioniert nämlich diese …
Dingsda … Demo… äh …kratie«, antwortete Finn.

»Ts!«, kommentierte Joanna. »Deinetwegen bekommen wir
hier noch irgend so einen lauten Klimperkasten vor die Nase gesetzt.«

»Das wird kein lauter Klimperkasten, sondern ein Haus voller
Computerspiele«, stellte Finn richtig.

»Und wo ist der Unterschied?« Joanna verzog das Gesicht, als
wären Computerspiele das Langweiligste, das man sich vorstellen konnte. Sie selbst nutzte den Computer nur für Mails, Chat-
rooms, Musik und Filme. Und natürlich für ihre Hausaufgaben.

»Der Unterschied ist, dass du keine Ahnung von Computer-
spielen hast«, sagte Finn mürrisch und schaute sich weiter um.
Sandra hatte recht gehabt: Bevor man öffentlich eine Meinung
vertrat, sollte man zusehen, genügend Mitstreiter für sich zu gewinnen. Sonst wurde man in diesem Haus offenbar sehr schnell
sehr einsam. Er schaute auf die Uhr.

»Ich glaube, wir müssen los!«

Seine Vermutung stimmte. Von den fünfzig Kinderparlamentariern waren mittlerweile über dreißig angekommen. Sie hatten
sich vor dem Eingang des Fraktionsraumes der Grünen versam-
melt, standen in kleinen Grüppchen zusammen und unterhielten sich oder stellten sich gegenseitig vor.

Finn hörte in das Gemurmel der Kinder hinein. Er hörte
Sächsisch, Bayrisch, Schwäbisch … Ihm fiel ein Junge auf, der
etwa so alt wie er selbst war und der einen dunklen Anzug mit
Krawatte und in der rechten Hand einen Aktenkoffer trug.

›Was ist denn mit dem los?‹, fragte er sich. Er selbst *besaß* nicht mal einen Anzug. Wozu auch? Der Junge hatte seine freie Hand lässig in die Hosentasche gesteckt, als wolle er die Posen wichtiger Politiker im Fernsehen nachahmen. Prompt ging ein anderer Junge auf ihn zu, um ihn etwas zu fragen. Als ob der erstere irgendetwas besser wüsste, bloß weil er einen Anzug trug.

Zwei, drei Meter hinter ihm machte ein anderer Junge sich eifrig Notizen auf einem iPad. Das neueste Modell. Schon wieder! Finn fühlte sich wie elektrisiert. Das konnte doch wirklich kein Zufall mehr sein! Weder waren hier nur reiche Kinder zusammengekommen, wie er den Vorbereitungsunterlagen entnommen hatte, noch handelte es sich um das Treffen eines Apple-Fanclubs. Und nun entdeckte er an einem Vormittag in einer Kindergruppe gleich drei Mal so brandneue, teure Geräte!

Abgesehen davon sah der Typ auch ein wenig merkwürdig aus, fand Finn. Die Haare mit reichlich Pomade nach hinten geschmiert, auf der rechten Seite von einem akkuraten Scheitel durchzogen. Dazu trug er eine schwarze Nerd-Brille mit dickem Rand auf der Nase und eine prunkvolle goldene Uhr am linken Handgelenk, auf die er pausenlos schaute. Als ob er sich zu einem Termin verspäten würde, wenn die Begrüßung sich verzögern sollte.

»Hey, du scheinst der einzige normale Typ hier zu sein.«

Finn drehte sich um.

Ein gleichaltriger Junge in einem Kapuzenshirt hatte ihn von hinten angesprochen und lächelte ihn freundlich an. Ein glitzernder Ohrring zierte sein rechtes Ohrläppchen, an seinem linken Schneidezahn war eine kleine Ecke abgebrochen, und über dem linken Auge zog sich eine lange Narbe hin, die noch nicht richtig verheilt war.

»Ich bin im Winter mit dem Rad auf Glatteis weggerutscht und hab mit meinem Gesicht gebremst«, erklärte er seine Blessuren. Sein Grinsen wurde noch breiter. »Halb so schlimm. Das kriegt der Zahnarzt wieder hin.«

»Na dann!«, sagte Finn. Er fand, es sah total schlimm aus.

»Ich bin Leo. Aus Potsdam.« Er streckte Finn seine Hand hin. Finn schlug ein und stellte sich vor.

»Hast du den Spinner mit dem Aktenkoffer gesehen?« Leo wies mit einem Kopfnicken zu ihm.

Finn bejahte.

»Egmont! Der geht in meine Klasse. Voll der Spacken, sag ich dir.«

Finn zog die Augenbrauen hoch. »Egmont? Den Namen habe ich noch nie gehört!«

»Ich nehme an, genau deshalb haben seine Eltern ihn so genannt«, erklärte Leo. »Er sagt, es gibt ein Trauerspiel von Goethe, das so heißt. Das passt jedenfalls: ein Name wie ein Trauerspiel!«

Finn grinste.

»Wofür bist du?«, fragte Leo. »Spielplatz oder Gamehouse?«

»Ich weiß nicht«, gab Finn offen zu. »Am liebsten beides, nur kleiner.«

»Keine schlechte Idee«, lobte Leo. »Der Spacken ist für keines von beiden!«

Finn zog seine Augenbrauen hoch. »Hä? Wir müssen uns doch entscheiden. Stand in der Einladung!«

Leo bohrte sich mit dem Fingernagel zwischen den Zähnen. »Sag ihm das mal. Er findet, auf den freien Platz sollte ein echtes dauerhaftes Kinder- und Jugendparlament gebaut werden, das regelmäßig tagt und auch was zu sagen hat. Dreimal darfst du raten, wen er als Präsidenten für das Kinderparlament vorschlägt.«

Sich selbst! Da brauchte Finn nicht lange zu raten.

»Wofür bist du denn?«, fragte Finn stattdessen.

»Gamehouse!«, antwortete Leo entschlossen. »Da hat man auch im Winter was von!«

Daran hatte Finn noch gar nicht gedacht. Ein gutes Argument, fand er. Bei nächster Gelegenheit wollte er es seiner Schwester mitteilen. Er war gespannt, was sie dazu sagen würde.

Jetzt betrat die Projektleiterin den Saal. Eine Frau mit hochgesteckter Frisur in einem grauen Kleid, giftgrüner Brille, knallrot geschminkten Lippen und einem Aktenordner unter dem Arm. Sie schritt lächelnd zum Mikrofon, bat alle Anwesenden, sich einen Platz zu suchen, und wartete.

Niemand hatte einen zugewiesenen Platz, wodurch in den ersten Minuten erst einmal ein Chaos entstand. Einige Kinder stürmten los, um zwei oder drei Plätze für sich und ihre Freunde zu ergattern. Die Freunde allerdings taten das Gleiche auf der gegenüberliegenden Seite. In null Komma nix verstand man in dem lauten Gebrüll sein eigenes Wort nicht mehr.

Finn fühlte sich gleich ein wenig heimischer. Es ging zu wie in seiner Schule.

»Jacqueline. Hierher! Jacqueliiiiien!«, schrie ein Mädchen, das offenbar Maike hieß. Denn von der anderen Seite schrie die angesprochene Jacqueline zurück: »Maikeee! Komm rüber! Hier is besser!«

Das gleiche Spiel lieferten sich mehrere Freundesgruppen. Zwischen ihnen wuselten einzelne Kinder, die wohl ohne Freunde gekommen waren, hilflos hin und her. Entweder war der Platz, den sie sich auserkoren hatten, gerade besetzt, oder sie fanden keinen, der ihnen gefiel.

Egmont setzte sich ganz cool vorn an den Präsidiumstisch, wurde aber von der Projektleiterin höflich darauf hingewiesen, dass er sich doch bitte einen Platz zwischen den anderen suchen sollte. Egmont erhob sich wieder und setzte sich auf den nächsten Stuhl neben dem Rednerpult. Er nahm sein nagelneues iPad hervor und begann, sich darauf Notizen zu machen.

Joanna winkte Finn von Weitem zu. »Hier!«

Finn nickte ihr zu und wandte sich dann an Leo. »Wollen wir nebeneinandersitzen? Meine Schwester hat freie Plätze gefunden!« Er zeigte hinüber zu Joanna. Neben ihr nahm Sandra gerade ihren Platz ein.

»Gern!«, antwortete Leo.

Finn hob zwei Finger in die Höhe, um seiner Schwester anzuzeigen, dass er zwei Plätze brauchte. Joanna reagierte sofort und scheuchte ein Mädchen, das sich eben setzen wollte, wieder hoch. Verdattert stand das Mädchen auf und gab den Stuhl frei, während Joanna zufrieden zu Finn hinüberwinkte.

»Alles paletti!«, stellte Finn fest. »Sie hat zwei Plätze für uns.«

Vorn am Präsidiumstisch läutete die Dame mit den roten Lippen eine Glocke. Offenbar war sie es gewohnt, dass es daraufhin im Saal still wurde. Aber die Gespräche verebbten keinesfalls. Im Gegenteil. Alle Kinder, die noch keinen Platz ergattert hatten, gerieten in Panik, wuselten und schrien noch mehr als zuvor.

Der Gesichtsausdruck der Frau wechselte vom freundlichen, erwartungsfrohen Lächeln in eine ratlose Grinse-Starre. Nochmals hob sie den Arm, um mit der Glocke zu läuten, und wirkte dadurch ein bisschen wie die Winkekatze im Fenster des Asia-Imbisses in Finns Straße.

Sie läutete diesmal lauter. Ohne Erfolg.

Sie schaltete das Mikro auf dem Tisch an, bückte sich zu ihm hinunter und sprach mit viel zu leiser Stimme: »Nehmt bitte alle Platz. Wir möchten gern beginnen.«

Sie schaltete das Mikro wieder aus. Der Lärm und das Gewusel im Raum blieben.

Wenn Finn ihren Gesichtsausdruck jetzt richtig interpretierte, wünschte die Frau sich gerade ans andere Ende der Welt.

»Dann wollen wir der Armen mal helfen«, sagte Leo. Er stand auf, schob sich zwei Finger in den Mund und stieß einen Pfiff aus, wie ihn ein Bundesliga-Trainer in einem voll besetzten Stadion nicht besser hinbekommen hätte.

Finn zuckte zusammen. Joanna und Sandra hielten sich die Ohren zu. Der Rest im Saal verstummte abrupt. Alle blickten mit entsetzten Gesichtern zu Leo, der lässig auf die Frau mit den roten Lippen zeigte.

»Sie will anfangen!«, sagte Leo in Zimmerlautstärke, aber jeder verstand ihn. Auch ohne Mikro.

Leo setzte sich.

Die Frau vorn wackelte ein wenig verwirrt mit dem Kopf, schaltete das Mikro erneut an und begann mit ihrer Begrüßung.

Joanna strahlte Leo an. Und Finn seufzte. ›Nicht schon wieder!‹, dachte er.

Mit nur einem Blick hatte er im Gesicht seiner Schwester lesen können, was gerade passiert war. Joanna hatte sich in Leo verguckt.

Ausflug in der Nacht

Finn hatte sich den Abend aufregender vorgestellt. Offensichtlich nahmen die meisten ihre Parlamentsaufgabe ernster als er. Auch seine Schwester. Sie war auf ihrem Zimmer geblieben, weil sie noch an ihrer Rede feilen wollte. Und da schien sie nicht die Einzige zu sein.

Im ganzen Haus herrschte Ruhe. Fünfzig Schüler wohnten in dem komplett angemieteten preiswerten Hotel. Aber von einem lustigen Abend konnte überhaupt keine Rede sein. Die Teilnehmer am ersten Kinderparlament waren völlig anders drauf als eine gewöhnliche Schulklasse.

Auch Leo war enttäuscht. Er hatte sich vorgestellt, dass auf irgendeinem Zimmer eine ordentliche Party oder Kissenschlacht stattfinden würde. Oder in irgendeinem Badezimmer eine Wasserspritzorgie.

Aber nichts von alledem. Es gab noch nicht mal einen Computerraum, in dem man ein neues Spiel ausprobieren konnte. Nur eine kleine Sitzecke im Foyer des Erdgeschosses. Dort saßen zwar immerhin ein paar Schüler, aber auch die schienen nicht auf Party oder Späße aus zu sein, sondern fummelten lieber auf ihren iPads herum. Das hätte Finn auch gern getan, aber er besaß keines. Nicht einmal einen Laptop, nur seinen alten großen Computer zu Hause. Den hatte er natürlich nicht mitnehmen können. Und auf dem kleinen Smartphone ein Spiel zu spielen, hatte er keine Lust.

Also schlenderte er gemeinsam mit Leo zu den anderen in der Sitzgruppe. Dort traf er auch Jacqueline und Maike wieder, die sich am Vormittag lauthals ihre Plätze erobert hatten. Jacqueline tippte wie wild auf ihrem Smartphone herum. Es war zwar kein iPhone, aber das neueste von Samsung.

»Das ist doch noch gar nicht auf dem Markt«, flüsterte Finn Leo zu.

»Sieht so aus! Das will ich aber mal genauer wissen.« Leo ging schnurstracks auf Jacqueline zu und fragte, wo sie ihr Smartphone herhatte.

Jacqueline schreckte auf, weil sie Leo gar nicht bemerkt hatte. Sie zog sich einen der beiden Ohrstöpsel aus dem Ohr und Leo wiederholte seine Frage.

»Was geht dich das an?«, blaffte sie ihn an.

»Ich hätte auch gern so eines«, antwortete Leo.

»Dann frag doch mal …« Jacqueline brach ab, weil Maike, die neben ihr saß, ihr kräftig gegen das Schienbein stieß.

Jacqueline verstummte.

Finn sah, dass Maike das gleiche Smartphone in ihren Händen hielt. Natürlich antwortete auch sie nicht auf Leos Frage und Leo und Finn verzogen sich wieder.

Finn erzählte von seinen Erlebnissen am Vormittag. »Irgendetwas stimmt hier nicht.«

»Das sehe ich auch so«, sagte Leo und nickte vielsagend mit dem Kopf Richtung Ausgang.

Dort huschte gerade Sandra aus der Tür. Sie hatte sich eine Kapuze über den Kopf gestülpt, als würde sie von jemandem verfolgt. Trotzdem hatte Finn sie eindeutig erkannt.

»Wo will die denn hin?«

Finn schaute auf die Uhr. 20 Uhr 30. Seit einer Stunde sollte niemand mehr das Hotel verlassen, hatte es bei der Begrüßungsveranstaltung geheißen. Um 21 Uhr sollten alle auf ihren Zimmern sein. Um spätestens 22 Uhr war Nachtruhe. Finn und Leo folgten Sandra möglichst unauffällig. Sie blieben auf Abstand und Finn kam sich schon fast vor wie ein Agent. Vor dem Ausgang blieben sie stehen und spähten durch die Sichtscheiben hinaus. Gerade hielt eine dunkle Limousine mit laufendem Motor vor dem Hotel.

Leo starrte mit großen Augen hinaus.

»Alter, das ist der neue E 63 AMG S-Modell 4Matic. Das Teil hat 430 KW. Von null auf hundert in 3,6 Sekunden. Das ist ein HAMMER-Teil! Kostet in der Standardausstattung schlappe 110.000 Euro!«

Finn schaute Leo fassungslos an. Er wusste nicht, was ihn mehr erstaunte: die technischen Daten des Wagens oder die Tatsache, dass Leo sich so gut auskannte.

»Mein Onkel hat eine Kfz-Werkstatt«, erklärte Leo. »Da schnupper ich manchmal rein.«

»Aha!«, hauchte Finn beeindruckt.

»Die Frage ist, was macht Sandra in solch einem Wagen?«

Denn jetzt stieg Sandra völlig unbeeindruckt in die Limousine, die Tür schloss sich und das Auto fuhr los. Von Sandra war hinter den schwarz getönten Scheiben nichts mehr zu sehen, auch nicht von sonstigen Insassen.

»Vielleicht holt sie ihr Vater ab«, vermutete Finn, »weil bei ihr zu Hause irgendetwas passiert ist?«

»Könnte sein«, sagte Leo. »Hoffentlich nichts allzu Schlimmes.«
Er legte eine kleine Pause ein und dachte nach. »Ist deine Schwester
nicht mit ihr auf einem Zimmer? Die beiden haben sich doch
hier gleich angefreundet, oder?«

Finn nickte. »Ja. Sie sind zusammen in einem Viererzimmer.
So wie wir.«

»Okay«, entschied Leo. »Dann lass uns zu ihr gehen und fragen,
was los war.«

Eine gute Idee, fand Finn. Joanna wollte zwar eigentlich nicht
gestört werden, während sie an ihrer Rede arbeitete. Aber da
Finn in Begleitung von Leo kam, würde sie sicher nichts dagegen
haben. Und tatsächlich: Er hatte seine Schwester wieder mal
richtig eingeschätzt. Als sie sah, dass Leo ihr Zimmer betrat,
legte sie sofort ihren Stift und Schreibblock beiseite und sprang
nervös vom Bett hoch.

»Was macht ihr denn hier? Ich muss noch meine Rede um-
schreiben. Ich hab sie mit Sandra abgeglichen und wir hätten oft
das Gleiche gesagt ...«

»Deshalb sind wir hier«, erklärte Finn.

»Wegen meiner Rede?«, staunte Joanna.

Finn winkte ab. »Wegen Sandra. Ist bei der zu Hause etwas
passiert?« Er erzählte, wie sie darauf gekommen waren.

»Weggefahren?«

Joanna war sichtlich geschockt über diese Nachricht.

»Sie hat gesagt, sie wollte unten am Automaten was zu trinken
besorgen und gleich wiederkommen.«

Joanna warf einen verzweifelten Blick auf ihre halb durchge-
strichene Rede.

»Wir stecken mitten in der Arbeit!«

Finn zog nur die Schultern hoch.

»Ruf sie doch mal an«, schlug Leo vor.

Joannas Miene verfinsterte sich. »Ich hab mir ihre Handynummer noch nicht geben lassen.«

Leo zog vielsagend die Augenbrauen hoch, sagte aber nichts. Das wäre ihm auch nicht gut bekommen. Das sah Finn seiner Schwester an. Was sie jetzt überhaupt nicht brauchen konnte, war ein dummer Spruch.

»Na ja«, sagte Finn. »Sie muss ja spätestens in einer Stunde wieder hier sein.«

Aber Sandra kam nicht mehr in dieser Nacht.

Eine erste Überraschung

Gut gelaunt trug Finn sein Frühstückstablett zum Tisch seiner Schwester. An der Essensausgabe hatte es alles gegeben, worauf er im Stillen gehofft hatte: knackfrische Mohnbrötchen, Nuss-Nougat-Creme, Cornflakes, frischen Orangensaft und sogar Pfannkuchen! Die gab es nur heute, hatten die Frauen an der Ausgabe gesagt: »Zur Begrüßung der kleinen Parlamentarier!« Und ein Küchenhelfer hatte aus dem Hintergrund gefeixt: »Wer weiß, vielleicht werden wir übermorgen schon von euch regiert! Da wollen wir uns gutstellen mit euch!«

Leo hatte mit ihnen gelacht. Egmont hatte aber gleich gemosert, weil er sich nicht ernst genommen fühlte.

Finn eierte mit seinem vollen Tablett den Gang zwischen den Tischreihen entlang, bis er Joanna erreicht hatte, neben der noch ein Platz frei war.

»Guten Morgen!«, begrüßte er sie und schaute fragend auf den freien Stuhl.

»Kannst dich setzen«, antwortete Joanna. Ihr Tonfall klang nicht besonders gut gelaunt. »Sandra ist nicht wiedergekommen.«

»Die ganze Nacht nicht?« Finn legte die Gabel mit dem Pfannkuchen zurück auf den Teller. »Hast du schon die Polizei verständigt?«

Joanna riss ihre Augen auf. »Die Polizei? Wieso das denn? Du hast doch erzählt, dass sie abgeholt wurde. Sandra wird sich ja wohl kaum mit einem Entführer verabredet haben. Ich nehme an, ihr Daddy hat sie abgeholt und sie hat zu Hause geschlafen. Ich bin nur sauer, dass sie abgehauen ist, ohne was zu sagen. Und mich auch noch belogen hat!«

Finn schob sich die Gabel mit dem Pfannkuchen in den Mund. Ihm kam die Sache suspekt vor, aber vermutlich hatte seine Schwester recht.

Jetzt hatte auch Leo den Tisch erreicht. Auf seinem Tablett dampfte ein heißer Kakao. Den letzten Satz von Joanna hatte er gerade noch mitbekommen. Zur Begrüßung wippte er nur kurz mit dem Kopf, um dann gleich zur Sache zu kommen. »Sandra ist gestern nicht mehr zurückgekommen?«

Weil Joanna den Mund voll hatte und gleichzeitig ihren O-Saft trank, verneinte sie lediglich mit zwei kurzen glucksenden Geräuschen.

Finn übersetzte: »Joanna meint, das war ihr Vater, der sie gestern Abend abgeholt hat.«

»Seltsam!« Leo stellte seine Sachen direkt auf den Tisch und legte das leere Tablett beiseite. »Ich hab gestern noch mal in die Teilnehmerliste geguckt. Als Wohnort stand bei Sandra *Stuttgart*. Und auch der Daimler hatte ein Stuttgarter Kennzeichen. Wie kann sie dann zu Hause gewesen sein?«

Joanna stutzte, dachte nach, zog dann aber nur die Schultern hoch und biss erneut vom Brötchen ab. »Vielleicht wohnen die Eltern in Berlin in einem Hotel? Oder Sandra hat Verwandte hier: Onkel und Tante oder so?«

»Damit das Prinzesschen nicht eine Woche allein in Berlin bleibt?«, fragte Leo amüsiert. »Ist ja goldig.«

Joanna kam das jetzt auch ein bisschen komisch vor. »Wieso ist sie dann überhaupt hierher ins Hotel gezogen? Und ihre Sachen sind ja auch noch da.« Dann winkte sie ab. »Was soll's, wir werden sie ja gleich im Plenarsaal sehen.«

Eine Stunde später war es so weit.

Dieses Mal verursachte das Einnehmen der Plätze weit weniger Chaos als am Vortag. Die Frau mit den roten Lippen – Frau Krauth-Sauer, wie Finn mittlerweile wusste – hatte vorgesorgt und schon am Eingang durch Saaldiener jedem einzelnen Schüler seinen Platz zuweisen lassen. Weil sie von der frischen Freundschaft zwischen Sandra und Joanna aber nichts wusste, wurden die beiden weit auseinander platziert. Wie andere spontan entstandene Freundschaften auch, wodurch um ein Haar ein neues Tohuwabohu ausgebrochen wäre.

Joanna setzte sich auf ihren Platz in der ersten Reihe. Auf ihm saß normalerweise der Fraktionsvorsitzende der SPD. Joanna nutzte die gute Position, um gleich wieder aufzustehen, den breiten Gang vor dem Rednerpult entlangzulaufen und nach Sandra Ausschau zu halten. Doch von der war nichts zu sehen.

»Hast du Sandra gesehen?«, fragte sie Egmont, der in der zehnten Reihe platziert worden war. Mit bitterböser Miene hatte er sich in seinen Sessel gepresst und bockig die Arme vor der Brust verschränkt. Denn er hatte sofort spitzgekriegt, was die meisten noch gar nicht bemerkt hatten: Wer den Platz eines wichtigen Politikers bekommen hatte – also etwa den eines Parlamentarischen Geschäftsführers oder Fraktionsvorsitzenden –, hatte Telefon am Platz. In den hinteren Reihen gab es das nicht.

»Bitte nehmt eure Plätze ein!«, bat Frau Krauth-Sauer über das Mikrofon.

Alle Kinder setzten sich. Einige auf den privilegierten Plätzen entdeckten nun ihre Telefone …

»Legt die Hörer bitte wieder hin. Sie sind ohnehin ausgeschaltet!«

Einzelne Pfiffe waren zu hören.

»Hallo? Kannst du dich bitte auch jetzt hinsetzen? Wo sitzt du?«

Joanna war gemeint. Sie drehte sich um und zeigte zu ihrem Platz.

»Dann bitte!«, sagte Frau Krauth-Sauer. »Wir wollen jetzt beginnen.«

»Da fehlt noch eine!«, rief Joanna ihr zu.

»Da fehlen noch zwei«, korrigierte Frau Krauth-Sauer. »Aber wir beginnen trotzdem.«

Joanna lief zu ihrem Platz zurück, ließ ihren Blick aber noch mal schnell durch die Reihen huschen. Von Sandra noch immer keine Spur.

»Florian ist auch noch nicht da!«, stellte Leo fest, der schräg hinter ihr saß.

»Wer ist Florian?«, fragte Joanna.

»Weiß nicht«, sagte Leo. »Aber er sollte laut Sitzungsplan neben mir sitzen.«

Joanna schaute sich um. »Kennt den jemand? Weiß einer, wie der aussieht und was mit ihm ist?«

Leo zog die Schultern hoch. Auch die anderen auf den benachbarten Plätzen hatten nichts von ihm gehört.

Nur ein Mädchen fünf Sitze weiter meldete sich zu Wort. »Ich habe gehört, der war noch gar nicht da. Genau weiß ich es aber auch nicht.«

»Na prima!«, schimpfte Joanna. »Es haben sich zwei- oder dreitausend Kinder fürs Kinderparlament beworben. Und von denen, die ausgewählt wurden, erscheinen zwei einfach nicht. Das finde ich voll asozial!«

Das Mädchen stimmte ihr zu. »Ich heiße übrigens Brenda. Und bin für einen Abenteuerspielplatz!«

Über Joannas Gesicht huschte ein Lächeln. »Ich auch!«, bekannte sie und stellte sich vor. »Und Sandra, die wir jetzt vermissen, übrigens auch. Ich hab gestern noch mit ihr gesprochen. Hoffentlich fehlt uns am Ende nicht ihre Stimme.«

»Dieser Florian ist auch für den Spielplatz, habe ich gehört«, sagte Brenda. »Mist. Dann fehlen uns schon zwei Stimmen. Das könnte knapp werden.«

»Was ist denn daran so schlimm, wenn das Gamehouse eine Mehrheit bekommt?«, fragte Leo.

»So ein Haus voller Computerspiele kann man doch überall hinsetzen«, begann Brenda sofort zu referieren, als würde sie bereits ihre Rede halten. »In Berlin stehen rund 1,5 Millionen Quadratmeter Bürofläche leer. Wäre ja wohl genug Platz für ein Gamehouse. Gleichzeitig aber fehlen nach städtischen Berechnungen in Berlin 140 Hektar Spielplatzfläche.«

»Wow!«, staunte Joanna. Solche Zahlen hatte sie sich nicht herausgesucht. Und sie dachte schon, sie wäre gut vorbereitet.

»Was ist denn noch mal ein Hektar?«, fragte Finn, der die Sitzordnung ignoriert und sich wieder neben Leo gesetzt hatte.

»Ein Hektar sind 10.000 Quadratmeter«, erklärte Brenda. »Ungefähr so groß wie ein Fußballplatz. In Berlin fehlen also so viele freie Flächen wie 140 Fußballplätze! Das sind das Dreifache an Spielplätzen: über 400! Da weiß ich ehrlich gesagt gar nicht, wie man auf die Idee kommen kann, *keinen* Spielplatz zu bauen!«

Joanna klatschte spontan Beifall. »Meine Worte!«

»Deine Worte?«, hakte Finn nach. »Du hast das doch gar nicht gewusst mit den Zahlen!«

»Aber gemeint«, behauptete Joanna. »Auf jeden Fall leuchtet das ja wohl jedem ein!«

»Leider nicht«, widersprach Brenda. »Die Befürworter des Gamehouse werden wissen wollen, woher wir die Zahlen haben und ob sie stimmen. Und schon haben wir eine langweilige Kackdebatte über Berechnungen und Statistiken statt über Spielplätze. Wirst sehen!«

Joanna war sichtlich beeindruckt. »Woher weißt du das alles?«

»Ich will mal Journalistin werden«, erklärte Brenda. »Da lerne ich schon mal, wie man sich gut informiert!«

Auch Finn musste sich eingestehen, dass Brenda sehr überzeugend wirkte.

Nur Leo wagte einzuwenden: »Und was ist im Winter mit so einem Spielplatz?«

›Ach ja!‹, erinnerte sich Finn. ›Gutes Gegenargument!‹ Das Brenda allerdings mit einer Handbewegung fortwischte.

»Im Winter ziehst du dich einfach warm an. Wo ist das Problem? Oder hockst du den ganzen Winter in der Stube?«

Nein, das tat Leo natürlich nicht, musste er zugeben. »Okay, so gesehen …«

»Achtung, es geht los!«, beendete Joanna das Gespräch. Das erste Kind schritt zum Rednerpult.

»Oh no!«, stöhnte Leo.

Derjenige, der mit forschem Schritt nach vorne eilte, war niemand anderes als Egmont. Mit wichtigtuerischer Miene baute er sich vor dem Mikrofon auf, legte sich sein Redemanuskript zurecht und nippte kurz an dem bereitstehenden Wasserglas. Dann steckte er seine rechte Hand lässig in die Hosentasche, wie er es sich offenbar bei US-amerikanischen Promis auf dem roten Teppich abgeguckt hatte, und gestikulierte mit seiner linken in der Luft herum, um seinen Worten besonderes

Gewicht zu verleihen. Dabei sagte er nur: »Werte Frau Präsidentin! Meine Damen und Herren!«

Gelächter im Saal. Denn es gab gar keine »Frau Präsidentin«. Frau Krauth-Sauer war es jedenfalls nicht. Sie war nur die pädagogische Leiterin des Kinderparlaments. Außerdem konnte sich niemand vorstellen, wen Egmont mit »Damen und Herren« meinte. Es saßen nur Kinder im Saal.

Leo steckte zwei Finger in den Mund und stieß einen grellen Pfiff aus. »Komm zur Sache, Schleimbeutel!«, brüllte er.

Worauf allerdings Frau Krauth-Sauer sofort wieder ihre Glocke erklingen ließ, um Leo zu ermahnen.

»Vielen Dank, Frau Präsidentin«, sagte Egmont.

»Ich kotz gleich!«, raunte Leo.

»Bevor ich zum eigentlichen Thema spreche …«, begann Egmont, »lassen Sie mich ein paar grundsätzliche Worte zur Einleitung sagen.«

»Oh no!«, stöhnte Leo.

Diesmal hatte er Frau Krauth-Sauer auf seiner Seite.

»Nein!«, ging sie dazwischen. »Wir sprechen hier bitte nur und ausschließlich zum Thema. Alles andere wird in den Arbeitsgruppen und Seminar-Auswertungen diskutiert.«

Beifall aus dem Plenum. Egmont verzog säuerlich das Gesicht.

»Zum Thema weiß er bestimmt nichts zu sagen, die Gurkennase«, lästerte Leo.

Joanna hatte längst verstanden, dass Egmont keine Gefahr für die Durchsetzung ihrer Position darstellte. Also nutzte sie die Gelegenheit, um noch mal nach Sandra und Florian zu suchen. Als sie die beiden im Saal nicht erblickte, hörte sie sich weiter um. Vergeblich. Niemand wusste etwas von den beiden. Finn und Leo waren die Einzigen, die Sandra dabei gesehen hatten, wie sie in die große schwarze Limousine eingestiegen war.

»Wieso ruft Frau Krauth-Sauer nicht bei denen zu Hause an?«, fragte Joanna.

»Vielleicht ist etwas Schlimmes in ihrer Familie vorgefallen«, warf Finn ein.

Doch Joanna ließ das nicht gelten. »Bei beiden?«

Ihr Gespräch, das sie leise über die Sitze hinüber führten, wurde durch einen lauen Beifall für Egmont unterbrochen, der seine Rede nun beendet hatte.

Joanna widmete ihm wieder kurz ihre Aufmerksamkeit. »Was hat er gesagt?«

»Keine Ahnung!«, antwortete Leo.

›Komisch‹, dachte Finn. Hier ging es völlig anders zu als in der Schule. Wenn er dort mit seinem Nachbarn schwatzte, wurde er sofort von der Lehrerin ermahnt. Aber hier störte sich niemand daran, wenn gequatscht wurde. Oder wenn manche ihre Plätze wechselten, wie er es getan hatte, um sich mit jemand anderem zu unterhalten. Einige rannten zwischendurch hinaus auf die Toilette, und Leo hatte zwischenzeitlich vorgeschlagen, ob sie nicht ein Eis essen gehen sollten.

»So ist Parlamentsarbeit eben«, behauptete Brenda. »Die Debatte im Plenum ist eigentlich nur Show. Der Austausch von Argumenten findet ganz woanders statt.«

Finn dachte an das Café, in dem sie am Vortag Kuchen gegessen hatten. Es war voller gewesen als das Parlament. Finn hatte eine Sitzung von vergangener Woche gesehen, die auf verschiedenen Monitoren in den Fluren des Bundestags ausgestrahlt wurde. Allerdings schaute sich niemand diese Aufzeichnungen an. Selbst die Besucher-Schulklassen waren achtlos vorbeigeschlendert. Sie wirkten eher wie öffentliche Arbeitsnachweise, für die sich niemand interessierte.

»Ey, ist sie das nicht?« Mit seiner Frage riss Leo Finn aus seinen

Gedanken. Er zeigte auf Sandra, die gerade den Parlamentssaal betrat.

Inzwischen hatte ein Mädchen das Rednerpult betreten, das die anwesenden »Jungs und Mädchen« begrüßte.

Joanna hätte ihr gern zugehört und vor allem die Reaktionen auf ihre Rede verfolgt. Denn Brenda hatte ihr gerade rasch zugeflüstert: »Die erste Rede *für* den Abenteuerspielplatz!«

Doch Joannas Blick haftete auf Sandra, die nicht, wie Joanna erwartet hatte, direkt auf ihren Platz neben ihr zusteuerte. Stattdessen ging sie den Mittelgang bis fast zum Rednerpult herunter, bog dort links ab und suchte sich in der ersten Reihe einen Platz, wo im richtigen Erwachsenen-Parlament die Fraktion der CDU saß.

»Die setzt sich zu der Gamehouse-Fraktion!«, stellte Brenda fest. »Hast du nicht gesagt, Sandra wäre auch für den Spielplatz?«

»Wieso Gamehouse-*Fraktion*?«, fragte Joanna verdutzt. »Woher weißt du das?«

Brenda erklärte es ihr: Das Gewusel während Egmonts Rede war kein Zufall gewesen. Nahezu unmerklich hatten die fünfzig Kinder-Abgeordneten sich sortiert, ihre ihnen zugewiesenen Plätze verlassen und sich anders platziert. Auf der rechten Seite vom Rednerpult aus geschen saßen nun die Befürworter für das Gamehouse, links die Anhänger des Spielplatzes und in der Mitte die Unentschlossenen. Letztere waren sichtbar in der Minderheit. Nur fünf Kinder saßen da. Allerdings hätten Finn und Leo dort auch hingehört. Obwohl Leo fast schon zur »Fraktion Gamehouse« gehörte.

Entsetzt stellte Joanna fest, dass auf ihrer Seite nur noch fünfzehn Kinder saßen, bei der Gamehouse-Fraktion aber fast dreißig. Eine davon Sandra!

»Das … das …«, stotterte Joanna und suchte nach einer Erklärung. »Aber Sandra hat doch die Aufteilung gar nicht mitbekommen, noch weniger als ich!«

»Stimmt, wieso sitzt sie dann nicht hier, auf ihrem zugeteilten Platz?«, fragte Brenda.

Joanna konnte es nicht fassen. Noch am Vorabend hatte sie doch mit Sandra alles ausführlich besprochen. Sie waren ihre Reden Stück für Stück durchgegangen und hatten sie sogar aufeinander abgestimmt. Einige Argumente, die sich doppelten, hatte sie aus ihrer Rede herausgestrichen, um sie Sandra zu überlassen. Sandra hatte ihr dafür andere an die Hand gegeben. Joanna hatte sich auf der Rednerliste deshalb extra weit nach hinten setzen lassen, um die Möglichkeit zu haben, auf Sandras Rede einzugehen.

Und jetzt saß Sandra plötzlich auf der anderen Seite? Das konnte, das durfte nicht sein!

Finn tippte Leo an. »Fällt dir auch was auf?«

Leo guckte sich um, kam aber nicht drauf, was Finn meinte.

Finn deutete zur Gamehouse-Fraktion. »Alle, die ich mit neuen iPads oder Smartphones gesehen habe, sitzen da drüben. Schau mal. Auch einige, bei denen ich die Dinger bisher noch nicht entdeckt hatte, haben jetzt solche Teile. Auf unserer Seite aber niemand.«

Leo schaute sich die Kinder auf der anderen Seite genauer an. »Du hast recht. Könnte aber immer noch Zufall sein, oder?«

»Theoretisch ja«, räumte Finn ein. »Aber nur theoretisch.«

Finn wandte sich an seine Schwester, doch die bedeutete ihm, leise zu sein. Denn nach dem Mädchen, das gerade redete, kam Sandra bereits dran. Es war eigentlich Joannas Redezeit gewesen, die sie Sandra überlassen hatte. »Das will ich hören!«

»Ich auch. Jetzt bin ich mal gespannt!«, flüsterte Brenda.

In dem Moment kam Florian den Mittelgang herunter. Finn entdeckte ihn als Erster. Nachdem Florian nicht pünktlich erschienen war und Leo beschrieben hatte, wie er aussah, hatte Finn sich an ihn erinnern können. Beim ersten Empfang hatte er etwas abseitsgestanden und schien wohl zu jenen zu gehören, die hier niemanden kannten. Jetzt allerdings grüßte Florian verschiedene Kinder, die auf der Gamehouse-Seite saßen und die seinen Gruß auch freundlich erwiderten.

Jetzt steuerte Florian geradewegs auf Sandra zu, setzte sich neben sie und begann mit ihr zu tuscheln.

»Haben die sich auch gestern Abend kennengelernt?«, fragte Finn.

»Nein!«, versicherte Joanna. »Ich war den ganzen Abend mit Sandra zusammen, bis sie aus dem Zimmer ging. Ihr habt sie dann noch gesehen, als sie die Herberge verließ. Aber da war Florian doch auch nicht dabei gewesen, oder?«

Leo und Finn schüttelten die Köpfe.

Sandra und Florian nickten sich nun gegenseitig zu und klopften sich aufmunternd auf die Schultern. Dann schritt Sandra zum Rednerpult, während Florian auf die andere Seite ging und sich mit einigen Kindern aus der Spielplatzfraktion unterhielt. Und zwar genau mit jenen, die am weitesten von Joanna und den anderen weg saßen.

Joanna traute ihren Augen nicht. »Der will doch jetzt nicht ernsthaft vor unseren Augen unsere letzten Verbündeten abwerben?«

»Und wieso überhaupt?«, fragte Brenda. »Der war doch gestern auch noch für den Spielplatz!«

Finn kam das Ganze auch immer seltsamer vor. Zwar fand er es im Gegensatz zu seiner Schwester kein Drama, wenn jemand seine Meinung änderte. Er selbst war ja auch immer noch unentschieden, ob er für den Spielplatz oder das Gamehouse stimmen sollte. Aber es war unübersehbar, dass es hier nicht mit rechten Dingen zuging.

Jetzt war Sandra mit ihrer Rede dran. Sie sprach ruhig, sachlich und konzentriert. Sie trug gut ausgearbeitete Argumente vor, ließ an den richtigen Stellen wirkungsvolle Pausen, um einzelnen Passagen mehr Bedeutung beizumessen, und hob rhetorisch gekonnt die Stimme, um die Zuhörer mitzureißen. Alles so, wie sie es mit Joanna am Vorabend geübt hatte. Da allerdings noch für die gegenteilige Position.

Joannas Gesichtszüge verdunkelten sich in dem Maße, wie Sandra Zustimmung gewann und Beifall erheischte. Mehr und mehr überkam Joanna das Gefühl, es mit einem abgekarteten Spiel zu tun zu haben. Möglicherweise hatte Sandra ihr alles nur vorgetäuscht, um Joannas Argumente und Rede-Strategie aus ihr herauszulocken. Jedenfalls zerpflückte Sandra jetzt genüsslich alle Argumente von Joanna, für die Sandra gestern Abend noch voll des Lobes gewesen war.

Joanna konnte es drehen und wenden, wie sie wollte: Sie war hereingelegt worden. Und zwar nach Strich und Faden! Verdammt. Wahrscheinlich hatte Sandra, lange bevor das Kinderparlament stattfand, etliche Kinder auf ihre Seite gezogen und sich am Vorabend nur noch Joanna vorgenommen und ihr eine Freundschaft vorgespielt, um sie fertigzumachen. Was für eine verdammte Gemeinheit!

Joanna hielt es nicht mehr auf ihrem Sitz. Aufgebracht sprang sie auf und meldete sich zu einer Zwischenfrage.

Frau Krauth-Sauer unterbrach Sandra. »Gestattest du eine Zwischenfrage?«

»Nein!«, sagte Sandra entschieden. Und fuhr mit ihrer Rede fort.

»Nein?«, eiferte sich Joanna. »Was heißt hier nein? Tickst du nicht mehr ganz sauber?«

Frau Krauth-Sauer unterbrach Sandra erneut, aber nur, um Joanna zur Ordnung zu rufen. Sandra wollte fortfahren.

»Es wird ja wohl noch eine Frage erlaubt sein!«, rief Joanna dazwischen.

»Joanna!«, mahnte Frau Krauth-Sauer erneut. »Eine Zwischenfrage wurde abgelehnt. Das ist das gute Recht der Rednerin. Jetzt lass Sandra bitte ihre Rede fortführen, sonst muss ich dich des Saales verweisen.«

»Verwei…!« Aufgebracht brach Joanna ab, um erneut Anlauf zu nehmen. »Dann soll sie doch mal sagen, wieso sie gestern noch hundertprozentig anderer Meinung war! Und woher alle ihre iPads haben!«

»Keine Zwischenfrage!«, wiederholte Frau Krauth-Sauer.

Sandra schaute nervös zu Joanna herüber. Aber nur kurz. Schnell wandte sie ihren Blick wieder ab.

Joanna setzte nach. »Gestern Abend war sie noch voll und ganz *für* einen Abenteuerspielplatz. Das sollen ruhig alle wissen!«

Sandra wandte sich Hilfe suchend an Frau Krauth-Sauer.

»Joanna, letzte Warnung!«, mahnte diese.

»Sandra!«, forderte Joanna erneut. »Das interessiert uns alle hier, wieso du plötzlich anderer Meinung bist!«

Jetzt begannen die ersten Kinder aus der Gamehouse-Fraktion zu schimpfen.

»Halt doch mal den Mund!«, rief jemand.

»Du bist gar nicht dran!«

»Keine Zwischenfrage!«, wiederholte jemand anderes.

Und Frau Krauth-Sauer machte ihre Drohung wahr. »Es tut mir leid, Joanna. Wegen fortwährender Störung der Parlamentsdebatte verweise ich dich des Saales für den Rest des Tages!«

»WAS?«, empörte sich Joanna. »Ich soll …? Sandra ist es doch, die mich belogen hat. Ich habe ihr sogar meine Redezeit gespendet. Eigentlich müsste ich jetzt dort oben stehen ...«

Da kam bereits ein Saaldiener auf sie zu, der ihr mit unmissverständlicher Geste den Weg zum Ausgang wies. Joanna warf Sandra noch einen bösen Blick zu. Doch Sandra schaute absichtlich nur in die Richtung ihrer neuen Anhänger und sprach weiter, als wäre nichts geschehen. Joanna stampfte dem Saaldiener wütend hinterher.

»Okay, Leute«, rief Brenda. »Dann gehen wir eben alle, wenn nicht mal mehr Zwischenfragen erlaubt sind!«

Sie erhob sich und ging ein paar Schritte Richtung Ausgang. Als sie merkte, dass ihr niemand folgte, blieb sie stehen. Sie stützte die Hände in die Hüften und rief laut: »Was ist denn mit euch los? Wollt ihr euch veralbern lassen? Wer auf Joannas Seite ist und auch einen Abenteuerspielplatz will, kommt jetzt mit hinaus!«

Aber niemand stand auf.

»Arschgeigen!«, schimpfte Brenda und verließ verärgert den Plenarsaal.

Finn schaute ihr unsicher hinterher. »Wollen wir auch?«, fragte er Leo.

Leo überlegte kurz. Dann hatte er sich entschieden. »Wieso nicht? Draußen in der Stadt geht bestimmt mehr ab als hier drinnen. Also los!«

Finn atmete erleichtert auf. Auf diese Weise bekam er wenigstens keinen Ärger mit seiner großen Schwester.

»Das Blöde ist, dass niemand von uns mehr mitbekommt, was drinnen vorgeht«, ärgerte sich Brenda, als Finn und Leo sie vor der Tür trafen.

»Wo ist Joanna?«, fragte Finn.

Die drei schauten sich nach allen Seiten um. Aber von Joanna keine Spur.

»Toilette?«, fragte Brenda.

»Vielleicht«, räumte Finn ein. »Aber welche?«

Er nahm sein Handy und schrieb seiner Schwester eine Nachricht:

```
Sind jetzt auch draußen.
Wo steckst du?
```

Er wartete auf Antwort. Vergeblich. Nervenaufreibende fünf Minuten lang geschah nichts!

Brenda nahm sich gerade vor, sämtliche Damentoiletten aufzusuchen, als endlich ein erlösendes Piepen auf Finns Handy ertönte.

```
Parkgarage.
Ende Übergangstunnel.
Bitte kommt!
```

Finn las mit zittrigen Händen die Meldung seiner Schwester. Was wollte Joanna in der Parkgarage? Was meinte sie mit »Übergangstunnel«?

Brenda wusste zum Glück Bescheid. »Das ist ein Versorgungstunnel. Lieferanten können durch verschiedene Tunnel das Regierungsviertel versorgen. Von hier aus meint sie wohl … Kommt mit!«

Brenda lief bis zu einer breiten, nobel beleuchteten Holztreppe, rannte diese hinunter und blieb am Anfang eines Tunnels stehen. »Der führt unter der Spree entlang zu einem Regierungsgebäude auf der anderen Flussseite«, erklärte Brenda.

»Sieht eher aus wie ein Gang auf dem Raumschiff Enterprise«, murmelte Leo.

45

»Woher weißt du das?«, fragte Finn.

Brenda erklärte, dass sie vor einem Jahr schon mal hier war und mit der Familie eine Führung durch das Gebäude mitgemacht hatte.

»Also los!« Finn wollte keine Zeit mehr verlieren.

Sie rannten durch den menschenleeren, spacig beleuchteten Tunnel und kamen am Ende zum Eingang einer Tiefgarage. Sie blieben stehen und Finn rief laut nach seiner Schwester.

Dann endlich, aus einer der Parkbuchten, hörten sie ein schüchternes »Hier!«. Joanna kam zum Vorschein. Sie blutete aus der Nase und hatte verweinte Augen.

»Meine Güte!«, rief Finn entsetzt. »Was ist denn mit dir passiert?«

»Der Radfahrer!«, schluchzte Joanna. »Oben auf dem Flur hat mich ein anderer Typ angesprochen. Der war vielleicht achtzehn oder neunzehn. Er hat gesagt, er will ein Interview mit mir machen, als Kinderparlamentarierin. Und ich falle auch noch auf den herein! Jedenfalls geht der mit mir den Tunnel entlang! Zum Kamerawagen, hat er gesagt. Und da tauchte dann auch der Fahrradfahrer auf. Also, ich glaub jedenfalls, dass er das war.«

Finn starrte seine Schwester fassungslos an. »Und dann?«

»Und dann«, erzählte Joanna mit zitternder Stimme weiter, »hat er mir eins auf die Nase gegeben. Ich bin direkt umgekippt. Und dann hat er gesagt, ich wolle doch so sehr einen Abenteuerspielplatz. Hier hätte ich nun mein Abenteuer. In Zukunft solle ich meine Nase aber nicht in die Angelegenheiten anderer stecken.«

»Dann geht es bei den Drohungen tatsächlich um den Spielplatz«, dachte Leo laut nach. »Erst stellen sie ihn zur Diskussion und dann so etwas! Sind die bescheuert?«

»Wir müssen der Leitung erzählen, was hier passiert«, schlug Brenda vor.

»Genau das nicht«, widersprach Joanna. »Der Typ hat gesagt, wenn ich das tue, kämen sie wieder. Aber dann bliebe es nicht bei einer Drohung!«

»Scheiße!«, flüsterte Finn.

»Willst du dich etwa erpressen lassen?«, fragte Brenda.

»Quatsch!« Joanna wiegelte ab. »Aber auch nicht noch mal verprügeln lassen. Wir sollten erst mal herausfinden, wer hinter diesen Angriffen steckt. Wieso schnappen sie ausgerechnet mich? Was ist mit den anderen? Und welche Rolle spielt Sandra dabei?«

»Vielleicht hat sie ihre Unterstützung nur vorgetäuscht, um dich auszuspionieren?«, vermutete Brenda. »Anders ist nicht zu erklären, dass Sandra so schnell ihre Meinung ändern konnte.«

»Oder sie wird auch erpresst«, sagte Leo.

Joanna nahm ein neues Taschentuch und wischte sich das Blut von der Nase. »Du meinst, da hat jemand von außen seine Finger im Spiel, der uns wegen unserer Meinung bedroht? Wenn das stimmt, müssen wir dagegen vorgehen!«

»Gegen wen denn?«, fragte Finn.

Joanna tippte ihrem Bruder mit dem Zeigefinger auf die Nasenspitze. »Genau das werden wir jetzt herausbekommen!«

»Oh nein!«, seufzte Finn.

Leo verstand nicht. »Wieso, was meint sie denn?«

»Ich hab dir doch von den Abenteuern erzählt, die ich mit Joanna schon erlebt habe!«

»Ja, coole Sache!«, rief Leo begeistert.

»Nix coole Sache«, stöhnte Finn. »Sie stürzt sich gerade in das nächste!«

Neue Erkenntnisse

Finn sollte recht behalten. Kaum waren die vier im Hotel angekommen, bestimmte Joanna, dass sie sich in fünf Minuten im Aufenthaltsraum besprechen sollten. Zum Treffen brachte sie das kleine Netbook mit, das ihr Vater ihr extra für die Parlamentswoche ausgeliehen hatte.

»Was hast du vor?«, wollte Finn wissen.

»Ich will mehr über Madame Sandra erfahren«, antwortete Joanna entschlossen. »Mit der stimmt etwas nicht. Die hat irgendein Geheimnis!«

»Und du meinst, das steht einfach so im Internet?« Finn kratzte sich zweifelnd an der Stirn.

Leo teilte seine Zweifel. »Wenn es im Netz zu finden ist, ist es alles andere als geheim. Du weißt doch auch gar nicht, wonach du suchen sollst.«

»Eben!«, pflichtete Finn ihm schnell bei.

»Wartet mal ab«, widersprach Joanna. »Erst mal gucken wir auf ihrer Facebook-Seite. Da gibt es bestimmt irgendwelche Hinweise.«

Sie rief das soziale Netzwerk auf und gab Sandras Namen ein. Kein Treffer.

»Vielleicht ist sie gar nicht bei Facebook«, warf Brenda ein.

Joanna presste die Lippen zusammen. So wie sie Sandra einschätzte, hatte die bestimmt ein Facebook-Konto. Aber offenbar unter einem anderen Namen. Sie gab nur Sandra ein.

Leo lachte auf. »Hast du eine Ahnung, wie viele Sandras es dort gibt?«

»Ich weiß«, räumte Joanna ein. »Aber vielleicht haben wir ja Glück und sie taucht als eine der Ersten in der Liste auf, mit Foto.«

Aber sie hatten kein Glück.

»Vergiss es!« Leo winkte ab. »Im Internet findest du nichts.«

So schnell aber wollte Joanna nicht aufgeben. »Wisst ihr, wie dieser Florian mit Nachnamen heißt?«

»Klar!«, antwortete Brenda. »Der steht doch in der Teilnehmerliste.« Sie kramte ihre Liste hervor, die sie zusammengefaltet in der Hosentasche trug, um während der Debatte nachgucken zu können, wer gerade sprach und woher er kam. Schnell fuhr sie mit dem Zeigefinger die Namen entlang, bis sie fündig wurde.

»Florian …«

»Silbereisen!«, scherzte Leo.

Joanna verzog die Mundwinkel. »Sehr witzig.«

»Aber es stimmt fast!«, lachte Brenda. »Er heißt Goldmann.«

»Sag ich doch!«, kicherte Leo.

Joanna gab den Namen ein. Und tatsächlich. Florian hatte ein Facebook-Konto.

»Das darf der gar nicht. Der ist doch noch viel zu jung!«, empörte sich Finn. Er hätte nämlich auch gern eines, durfte es aber nicht. Dabei war er in Florians Alter.

»Dann haben seine Eltern ihm eines eingerichtet, das er nutzt«, vermutete Joanna. »Hier: Florian. In Klammern: Flo, Goldmann. Mit Foto.«

Joanna klickte seine Freundesliste an und fand, wonach sie suchte.

»Bingo, Leute. Seht mal hier!« Sie zeigte auf das Foto einer von Flos Facebook-Freunden.

»Sandra!«, rief Brenda.

»Genau!«, bestätigte Joanna. »Nur: Hier heißt sie gar nicht Sandra Wollny, wie sie behauptet hat, sondern Sandra Geist!«

»Geist?«, fragte Finn.

»So steht es hier.« Joanna zeigte mit dem Finger auf ihren Namen. Dann fuhr sie mit der Maus darüber und klickte.

»Wenn ich Geist heißen würde, würde ich auch meinen Namen ändern«, bekannte Finn.

»Ja, in Monster!«, ulkte Leo.

»Deine Witze sind auch Monster!«, bemerkte Brenda schnippisch.

»Wusste ich doch, dass die eine eigene Seite hat«, rief Joanna triumphierend. Joanna klickte auf Sandras Fotos. »Hey, schaut mal hier. Sandra war schon in der Zeitung!«

Die anderen rückten näher an Joanna heran, um besser über ihre Schulter auf den Monitor schauen zu können. Joanna vergrößerte das Bild und folgte dann dem Link, der zur Zeitungsseite führte.

Der Staatssekretär Thomas Geist mit seiner Familie sowie Klaus Hartmann, Hauptgeschäftsführer der Easyshopping GmbH, bei der Eröffnung des neuen Einkaufszentrums am Leipziger Platz,

las sie vor. »Das war im September 2014.« Sie machte eine Pause, um kurz durchzuatmen. »Leute, Sandra ist die Tochter eines Staatssekretärs!« Sie ließ sich gegen die Lehne ihres Stuhls plumpsen. »Jetzt weiß ich auch, wieso sie sich mit allem so gut auskannte im Bundestag und weshalb sie schon mal dort gewesen ist!«

Finn konnte gut verstehen, wieso Sandra ihre wahre Identität geheim hielt. Sie hatte es ja selbst angedeutet: Sie wollte nicht als Streberin oder etwas Besseres angesehen werden, sondern eine normale Schülerin unter normalen Kindern sein.

»Da ist etwas dran«, räumte Brenda ein. »Nur erklärt das nicht, weshalb sie von einem Tag auf den anderen ihre Meinung ändert!«

»Und was ist, wenn ihr Vater unbedingt für ein Gamehouse ist?«, fragte Joanna in die Runde. »Sandra wollte den Spielplatz, aber dann hat ihr Vater ihr gesagt, sie solle gefälligst für ein Gamehouse plädieren!«

»Ich weiß nicht«, zweifelte Finn. »Welche Eltern ziehen denn ein Gamehouse einem Spielplatz vor? Und was ist mit diesem Florian Goldmann? Der hat auch seine Meinung über Nacht geändert.«

Joanna tippte wieder auf den Monitor und las vor.

... im Kreise seiner Familie bei der Eröffnung des neuen Einkaufszentrums am Leipziger Platz.

»Was hat der Staatssekretär mit der Eröffnung eines Einkaufszentrums zu tun? Vielleicht hat er auch etwas mit dem Bau eines Gamehouse zu tun?«

Jetzt meldete sich Leo zu Wort. »Du meinst, Sandras Vater ist vielleicht an der Baufirma beteiligt, die das Gamehouse bauen soll? Das wäre ja ein Ding. Klarer Fall von Vetternwirtschaft.«

»Von was?« Finn hatte das Wort noch nie gehört.

Brenda erklärte es ihm. »Man darf keine politischen Entscheidungen treffen, von denen man persönlich finanziell profitiert. Die Politik muss unabhängig entscheiden. Also wenn er von der Baufirma Geld bekäme für seine Entscheidung, wäre das Bestechung, Korruption. Und wenn er zum Beispiel einen Auftrag vergibt an eine Firma, die vielleicht seiner Frau gehört oder so, dann wäre das Vetternwirtschaft, Klüngel. Das darf man auch nicht.« Brenda wandte sich an Joanna. »Weiß man denn, wer das Gamehouse bauen würde? Steht das schon fest?«

Joanna schüttelte den Kopf. »Weiß ich nicht.«

»In welchem Bereich ist Sandras Vater denn Staatssekretär?«, fragte Leo. »Hat der überhaupt mit Bauunternehmen zu tun?«

Joanna klickte sich schnell durch die Seiten der Berliner Regierung und gab den Namen von Sandras Vater ein. »Für Wissenschaft!«

»Dann fallen weder ein Spielplatz noch ein Gamehouse in sein Ressort«, stellte Brenda fest.

»Also hat er damit nichts zu tun«, meinte Leo. »Ich glaube, Sandra hat einfach nur ihre Meinung geändert und es ist ihr peinlich. Wer weiß, vielleicht hat sie sich in diesen Florian verguckt. Die beiden haben doch heute zusammengegluckt. Vielleicht wollte Sandra sich bei Florian nur einschleimen!«

Finn nickte. Nur Joanna und Brenda konnten Leos Theorie nicht folgen.

»Mal echt jetzt«, redete Leo den beiden Mädchen ins Gewissen. »Sandra hat sich mit dir angefreundet. Es wäre doch total krass, wenn sie mit den Tätern unter einer Decke stecken würde. Das glaubt kein Mensch!« Leo pustete langatmig aus, um zu unterstreichen, *wie* krass er das finden würde. »Ich verstehe nur nicht, wieso die nur Joanna auf dem Kieker haben? Da sind doch noch 49 andere, die abstimmen dürfen.«

»Und von denen auffallend viele teure neue iPads besitzen«, erinnerte Finn ihn. »Zumindest von denen, die plötzlich für das Gamehouse sind!«

»Du meinst, Bestechung oder Bedrohung?«, fragte Leo.

Finn zog die Schultern hoch und zeigte auf seine Schwester. »Du glaubst doch wohl nicht, dass Joanna sich bestechen lassen würde!«

»Natürlich nicht!«, stellte Joanna klar. »Wir sind fünfzig auserwählte Kinder von mehreren Tausend. Wir dürfen und müssen etwas entscheiden und haben damit Verantwortung übernommen. Die lege ich doch nicht einfach ab für ein neues iPad!«

»Ich auch nicht!«, versicherte Brenda.

»Deshalb hat euch auch niemand gefragt«, sagte Finn. »Ihr kriegt einfach nur was auf die Nase!«

»Also, wenn das stimmt …!« Joanna stand empört auf. »Ich gehe jetzt zurück ins Parlament und frage Sandra, wieso sie plötzlich anderer Meinung ist!«

»Das hast du doch vorhin schon versucht«, erinnerte Finn sie. »Zur Belohnung wurdest du rausgeworfen!«

Joanna hob den Zeigefinger in Richtung ihres Bruders. »Aber jetzt weiß ich, dass Sandra sich unter falschem Namen angemeldet hat. Ich bin gespannt, was sie dazu sagen wird!«

»Zu spät«, Brenda tippte auf ihre Armbanduhr. »Das erste Plenum ist gleich zu Ende. Aber zur Bootsfahrt könnten wir es noch schaffen!«

Leo zog die Augenbrauen hoch. »Bootsfahrt? Was denn für eine Bootsfahrt?«

»Mit dem Spreedampfer. Abfahrt ist um 14 Uhr am S-Bahnhof Friedrichstraße«, erklärte Brenda. »Das stand doch in dem Prospekt mit dem Begrüßungsschreiben.«

Joanna, Finn und Leo erinnerten sich wieder und waren sofort dabei.

Pünktlich um 13 Uhr 50 betraten die vier das Schiff. Auf den ersten Blick konnte Finn nicht erkennen, ob jemand von den fünfzig Kindern fehlte. Aber Sandra und Florian nahmen am Ausflug teil. Egmont trug wie immer seinen dunklen Anzug mit Krawatte und telefonierte mit dem Handy.

Finn sah sofort, dass die besten Plätze an Deck bereits vergeben waren. Bis auf eine halbe freie Bank, die er erspähte. Hastig drängelte er sich vor und rief: »Wenn wir zusammenrücken, haben wir alle Platz!«

Doch Joanna hatte Besseres vor. »Ich will erst mit Sandra sprechen.« Sie stellte sich auf die Zehenspitzen und schaute sich um. »Wo ist denn unser Prinzesschen mit dem falschen Namen?«

Finn zeigte zur Tür, die zum Unterdeck hinunterführte. »Da. Sie geht gerade rein!«

Joanna flitzte ihr hinterher. Unten an der Treppe sah sie noch, wie Sandra in die Toilette verschwand. Joanna nahm sich vor zu warten. Sie nutzte die Zeit und sah sich um.

Zwei Mädchen schauten Joanna an, und sie wusste sofort, dass die beiden sie als diejenige identifizierten, die am Morgen aus dem Parlament geflogen war. Joanna hatte beim ersten Treffen nicht mitbekommen, dass die beiden Jacqueline und Maike hießen. Sie hielten nagelneue Smartphones in den Händen, auf denen sie gerade herumgetippt hatten. Jetzt rollten sie wortlos ihre Jacken zusammen, stopften sie in Einkaufstüten und gingen einfach weg.

»Hey!«, rief Joanna ihnen hinterher. »Wartet! Ich will euch etwas fragen!«

»Keine Zwischenfragen erlaubt!«, rief ihr ein Mädchen zu, worauf das andere in ihre vorgehaltenen Hände kicherte.

»Bescheuerte Schnepfen!«, schimpfte Joanna.

In dem Moment kam Sandra vom Klo. Joanna steuerte direkt auf sie zu. Als Sandra sie sah, änderte sie prompt ihre Richtung, lief auf Frau Krauth-Sauer zu und sprach sie an.

Joanna blieb in einiger Entfernung stehen und fluchte innerlich. Während Sandra mit der Projektleiterin sprach, huschte ihr Blick immer wieder zu Joanna hinüber.

›Okay‹, dachte Joanna. ›Angriff ist die beste Verteidigung.‹ Sie setzte ein gewinnbringendes Lächeln auf, stolzierte auf die beiden zu und sagte: »Ach, Frau Krauth-Sauer. Wo ich Sie gerade sehe: Ich hab gehört, hier gibt es einen Bordverkauf?«

Frau Krauth-Sauer reagierte irritiert. »Bordverkauf? Äh, ja, ich glaube, dort hinten gibt es Würstchen oder so. Aber wir gehen in einer Stunde alle gemeinsam essen …«

»Nein«, unterbrach Joanna sie. »Ich habe keinen Hunger.« Was geschwindelt war, wie sie gerade merkte. »Aber einige Schüler haben neue tolle Sachen: iPads, Jacken, Smartphones. Ich dachte, hier gibt's vielleicht einen Sonderposten-Verkauf oder so?«

»Ich muss dann mal weiter«, sagte Sandra schnell und machte, dass sie wegkam.

»Nein, äh …«, stotterte Frau Krauth-Sauer, immer noch sichtlich verwirrt.

»Ist auch egal. Schon gut!«, sagte Joanna schnell und wollte Sandra hinterherlaufen.

Doch Frau Krauth-Sauer hielt sie an der Hand fest. »Nun warte doch mal!«

›Verdammt!‹, fluchte Joanna innerlich. Sie hing fest. Sandra verschwand aus ihrem Blickfeld.

»Ich möchte wegen der Sache heute Morgen mit dir reden«, sagte die Projektleiterin mit ernster Miene.

Joanna seufzte. Auch das noch!

Oben beobachteten Finn, Brenda und Leo, wie Sandra wieder an Deck kam. Ohne Joanna.

Doch offenbar hatte Joanna es schnell geschafft, sich aus den Klauen der Projektleiterin zu befreien. Gerade wollte Brenda auf Sandra zugehen, da kam Joanna an Deck. Durch einen Fingerzeig von Brenda erkannte sie, wo Sandra sich befand, und steuerte auf diese zu. Wieder wollte Sandra abhauen. Doch dieses Mal prallte sie gegen Leo.

»Sorry!«, entschuldigte er sich scheinheilig. »Wohin so schnell?«

»Ich …«, begann Sandra.

Doch da war Joanna schon zur Stelle. »Sie wollte uns gerade erklären, woher ihr Sinneswandel kommt. Nicht wahr, Sandra *Geist*?«

Sandra warf Joanna einen tödlichen Blick zu. Doch dann schaute sie sich eher ängstlich um, als ob sie befürchtete, dass jemand ihren richtigen Namen gehört haben könnte. Als sie erleichtert feststellte, dass niemand ihr Beachtung schenkte, wandte sie sich wieder Joanna zu und antwortete leise, fast flüsternd: »Ich kann alles erklären, aber nicht hier, bitte.«

»Ach nein?« Joanna zeigte kein Erbarmen. »Wo denn sonst? Im Plenum vielleicht, wo du mich wieder rauswerfen lässt?«

»Ich habe dich nicht …«, wollte Sandra sich rechtfertigen, brach aber ab und wiederholte: »Nicht hier!«

»Wieso nicht?«, fragte Joanna. »Können doch ruhig alle hören, wer du wirklich bist. Und woher alle plötzlich so tolle iPads und Smartphones haben. Von deinem Vater, nicht wahr?«

»Hier können zu viele Leute zuhören«, beschwor Sandra Joanna ein drittes Mal. »Bitte, lass uns nach der Bootsfahrt reden, ja?«

»Warum sollte ich dir trauen?«, fragte Joanna.

»Ich versprech's. Wir treffen uns …« Sie überlegte einen Moment und schlug dann vor: »Im Spreebogenpark!«

Joanna verzog das Gesicht. Sie kannte den Park, weil der Weg vom Hotel zum Reichstagsgebäude direkt durch ihn hindurchführte. »Park« war für dieses Fleckchen Grün eigentlich die falsche Bezeichnung. Er bestand aus einer ungepflegten platten Rasenfläche. Drum herum Baukräne und der Großstadtlärm vom Hauptbahnhof und den umliegenden Hauptstraßen. Kein Ort zum Verweilen. Dadurch war der Park immer leer und somit nicht der schlechteste Ort, um ein vertrauliches Gespräch zu führen.

»Okay!«, stimmte Joanna zu. »Um sieben heute Abend, gleich nach dem Abendessen. Wir treffen uns im Foyer und gehen gemeinsam dorthin.«

Sandra schüttelte den Kopf. »Wir treffen uns direkt im Park. Gleich am Anfang.«

Joanna überlegte kurz, ob sich ein Trick hinter dem Vorschlag verbarg, stimmte dann aber zu. »Wehe, du kommst nicht.«

»Ich komme!«, versprach Sandra, sah sich wieder ängstlich nach allen Seiten um und verschwand.

Joanna guckte ihr nachdenklich hinterher.

Finn schaute sich auf Deck um. »Sandra tat so, als ob jemand hier wäre, der sie beschattet!«

»Ging mir auch so«, bestätigte Leo. Joanna und Brenda nickten.

»Aber wer?«, fragte Joanna.

»Und wieso?«, ergänzte Brenda. »Ich meine, Sandras Vater hat überhaupt nichts mit dem Gamehouse zu tun. Warum sollte er den Kinderparlamentariern teure Geschenke machen und seine eigene Tochter beschatten lassen?«

Darauf hatte auch Joanna keine Antwort. »Und wenn nicht ihr Vater dahintersteckt, weshalb will Sandra dann auf keinen Fall, dass man ihren richtigen Namen erfährt?«

»Heute Abend werden wir mehr wissen!«, sagte Brenda.

Überpünktlich standen Joanna, Finn, Brenda und Leo am vereinbarten Treffpunkt. Joanna hatte das ungute Gefühl, dass Sandra nicht kommen würde. Um drei Minuten nach sieben war noch immer nichts von Sandra zu sehen.

»Wir sind hier doch richtig, oder?«, fragte Finn.

»Natürlich!«, blaffte Joanna ihn an. »Wie soll man hier denn falsch sein? Wir können den halben Park überblicken und sogar die Hauptstraßen bis fast zu unserem Hotel. Bis zehn nach warten wir, dann suchen wir sie, okay?«

Brenda nickte. »Hast du keine Handynummer von ihr?«

Joanna schüttelte den Kopf. »Am ersten Abend hab ich sie nicht gefragt, weil wir ja im selben Zimmer schlafen. Und danach … na ja, wisst ihr ja selbst.«

Brenda fischte wieder die Teilnehmerliste hervor. Einige Kinder hatten ihre Handynummer angegeben und es gab auch schon What'sApp-Gruppen. Doch die Nummer von Sandra fehlte.

Sie warteten noch gute fünf Minuten, dann machten sie sich auf den Weg zurück. Kaum hatten sie die Spree überquert, als Finn seine Schwester anrempelte. »Sieh mal dort unten!« Er zeigte von der Fußgängerbrücke hinunter aufs Spreeufer.

Drei junge Männer standen dort um einen älteren Mann in einem grauen Anzug herum und prügelten auf ihn ein. Das Opfer wehrte sich nicht, sondern versuchte nur, sich vor den Schlägen zu schützen.

»Verdammt, wir müssen helfen!«, rief Joanna.

»Spinnst du?«, entgegnete Leo. »Dann machen die uns auch platt!«

Der Mann ging zu Boden und hielt sich schützend die Hände über den Kopf. Die drei Männer schlugen weiter auf ihn ein.

»Wir können doch nicht einfach nur zugucken!«, empörte sich Joanna.

Während Leo noch haderte und Joanna aufgeregt auf den Lippen kaute und sich nach dem schnellsten Weg hinunter umsah, handelte Brenda. Sie steckte sich zwei Finger in den Mund, stieß einen gellenden Pfiff aus. Zwei der drei jungen Männer ließen tatsächlich von ihrem Opfer ab und schauten sich um. Als ihre Blicke Brenda trafen, hielt sie ihr Smartphone hoch und mimte, dass sie die Szene sowohl gefilmt als auch die Polizei gerufen hatte.

Die zwei Männer zogen ihren Kumpan mit sich und rannten davon.

»Super!«, freute sich Joanna. »Klasse Idee, Brenda!«

»Jetzt rufe ich aber wirklich die Polizei!« Brenda wollte gerade die 110 wählen, als Finn rief: »Hey, seht mal. Der Typ steht auf und läuft weg!«

Der ältere Mann im Anzug hielt sich den Arm und lief taumelnd, in halb gebückter Haltung zur Straße.

»Der sucht Hilfe!«, rief Joanna.

»Hallooooo!«, brüllte Brenda hinunter und pfiff noch zweimal sehr laut. Doch der Mann zog nur den Kopf ein, als wollte er nicht erkannt werden, und lief weiter.

Die Kinder rannten los, um dem Mann zu sagen, dass sie Hilfe rufen konnten.

»Moment mal!«, stutzte Leo, während sie die Brücke hinunterrannten. »Wieso ruft der nicht selbst um Hilfe?«

»Vielleicht haben die Männer ihm das Handy geklaut«, mutmaßte Finn.

»Haben sie nicht!« Leo zeigte auf den Mann, der telefonierte, während er lief. »Also keine Panik, Leute!«, rief Leo und verlangsamte sein Tempo. »Er ruft schon selbst die Polizei!«

Plötzlich raste mit hoher Geschwindigkeit eine schwarze Limousine herbei und bremste scharf neben dem Mann. Die hintere Tür öffnete sich wie von selbst, und der Mann sprang in den Wagen, während der Fahrer Gas gab und das Auto mit quietschenden Reifen davonraste.

»Habt ihr das gesehen?«, stotterte Joanna verblüfft. »Das war ja wie eine Entführung!«

»Das war keine Entführung!«, widersprach Leo. »Der hat sich abholen lassen!«

»Hä?«, fragte Brenda.

»Der Wagen!«, erläuterte Leo. »Habt ihr den nicht erkannt? Das war ein Mercedes E 63 AMG S-Modell 4Matic. Sauteures, seltenes Modell. Und ich weiß, wer so einen fährt, weil ich den gestern schon mal gesehen habe!«

»Stimmt!«, fiel jetzt auch Finn ein. »Das war der Wagen von Sandras Vater!«

Geständnis!

Sandras Vater! Wieso wurde der überfallen? Joanna war immer noch davon überzeugt, dass er die Kinder bestochen hatte. Nun gehörte er selbst zu den Opfern? Wie passte das zusammen?

»Wir müssen Sandra sprechen«, entschied Joanna. »Und zwar sofort.«

Unten im Foyer sah alles aus wie immer. Auf den kleinen Hockern in der Kleinkind-Spielecke saßen einige Kinder-Abgeordnete zusammen und diskutierten. Joanna fragte sich, was es noch zu bereden gab, wenn sich über die Hälfte der Kinder hatte kaufen lassen, um für das Gamehouse zu stimmen. Trotzdem ging sie auf die kleine Gruppe zu. Auch Jacqueline und Maike waren dabei.

»Na!«, pflaumte Joanna einen Jungen mit iPad an. »Spielt es sich schön mit dem Bestechungs-Spielzeug?«

Die beiden Mädchen warfen Joanna böse Blicke zu.

»Was willst du eigentlich?«, giftete Jacqueline. »Wir kommen nicht aus Berlin. Uns kann es völlig egal sein, was auf dem freien Platz gebaut wird.«

»Wieso machst du dann überhaupt mit?«, fragte Joanna. »Die Aufgabenstellung stand doch in der Ausschreibung!«

»Pah!«, erwiderte Jacqueline. »Und wennschon. Immer noch besser als Schule. Und es hat sich gelohnt, hierherzukommen.«

Sie strich zärtlich über ihre teure Bluse, als wäre sie ein Schmusetier. Jetzt erst begriff Joanna, dass die Kinder auch mit teurer Markenkleidung bestochen worden waren.

»Du hast doch nicht mehr alle Windungen im Gehirn!«, schimpfte Joanna. »Wenn es dir egal ist, dann fahr nach Hause, statt hier deine Meinung zu verkaufen. Das ist doch echt zum Kotzen!«

»Dann kotz doch!«, meckerte Maike zurück. »Als ob du zu bestimmen hättest, was wir tun sollen.«

»Viele werden sich über das Gamehouse freuen«, verteidigte sich Jacqueline. »Und wenn uns jemand etwas schenken will, wieso nicht?«

»Dieser Jemand ist Sandras Vater. Und der wurde gerade auf offener Straße zusammengeschlagen«, berichtete Joanna. »Aber das ist euch ja egal. Hauptsache, ihr habt schöne Blusen und Smartphones bekommen!«

Für einen kleinen Augenblick zeigte sich Verunsicherung in den Mienen der Mädchen. Doch Jacqueline hatte sich schnell wieder gefangen. »Sandras Vater wurde ja wohl nicht wegen uns überfallen!«

»Ist dem etwas Schlimmes passiert?«, fragte Maike.

»Wissen wir noch nicht«, antwortete Joanna wahrheitsgemäß. »Aber wir wissen auch nicht, ob Sandra es schon mitbekommen hat. Wo ist sie?«

»Oben auf dem Zimmer!«, antwortete Maike.

Joanna drehte sich um und eilte zur Treppe. Brenda, Finn und Leo liefen hinterher.

63

Im Flur der zweiten Etage fingerte Joanna nach ihrem Zimmerschlüssel, der aus einer einfachen Plastikkarte bestand. Wenige Schritte vor der Tür erkannte sie allerdings schon, dass sie die Karte nicht brauchte. Die Tür stand einen Spalt offen.

Joanna wunderte sich zwar darüber, ging aber arglos auf die Tür zu. Sie wollte sie schon aufstoßen und nach Sandra rufen, als sie Spuren eines Einbruchs am Türschloss erkannte.

»Die hat einer mit Gewalt geöffnet!«, sagte sie entsetzt.

Die anderen untersuchten das Türschloss, während Joanna nach Sandra rief. Doch das Zimmer war leer. Joanna schaute im Bad nach. Aber auch da war Sandra nicht.

Der gesamte Raum war durchwühlt. Auch Joannas Sachen waren im ganzen Zimmer verstreut, ihr großer Rucksack lag offen und leer geräumt auf dem Bett. Eine Fensterscheibe war zerbrochen.

»Oh, Scheiße!«, seufzte Joanna und deutete auf den Boden vorm Fenster. »Da hat jemand von unten einen halben Pflasterstein durchs Fenster geschleudert.«

»Das muss eben erst passiert sein!«, vermutete Leo. »Sonst hätte jemand aus dem Hotel es doch schon bemerken müssen.«

»Und wo steckt Sandra?«, fragte Joanna.

»Hier!«, hörten sie plötzlich eine dumpfe Stimme. Dazu ein aufgeregtes Klopfen. »Im Schrank!«

Finn entdeckte den Schlüssel, der außen steckte. Er drehte ihn und öffnete die Schranktür. Sandra stieß sie von innen auf. Finn sprang beiseite, um sie nicht vor den Kopf zu bekommen. Mit verweintem Gesicht stolperte Sandra aus dem Schrank und fiel dem Erstbesten in die Arme. Das war Joanna, die nicht wusste, wie ihr geschah.

»Gut, dass ihr gekommen seid!«, jammerte Sandra. »Ich hätte es nicht länger darin ausgehalten!«

64

Joanna legte zögerlich die Arme um sie und klopfte tröstend mit der Handfläche auf ihren Rücken.

»Wie lange warst du denn dort drinnen?«, fragte Leo.

»Keine Ahnung«, schluchzte sie. »Eine halbe Stunde vielleicht. Es war sooo schrecklich.«

Leo verzog die Mundwinkel. Wegen einer halben Stunde machte sie so ein Geschrei! Doch er sagte nichts.

»Wir sind ja jetzt da!«, sagte Joanna tröstend.

Sie kam sich dabei blöd vor. Eigentlich waren sie ja gekommen, um Sandra eine Standpauke zu halten, weil sie nicht zum Treffpunkt erschienen war. Und um ihr mitzuteilen, dass ihr Vater überfallen worden war. Aber nun war Sandra selbst Opfer eines Überfalls. Es war sogar möglich, dass es sich um dieselben Täter handelte.

»Wer war das?«, fragte Joanna. »Wer hat dich und deinen Vater überfallen?«

Sandra hob den Kopf und schaute Joanna mit großen Augen an. »Meinen Vater? Wieso meinen Vater?«

›Verdammt!‹, fluchte Joanna innerlich. Das wollte sie Sandra eigentlich schonender beibringen.

»Äh …!«, stotterte sie.

Brenda sprang für sie ein und erläuterte in kurzen, aber behutsamen Worten, was sie von der Fußgängerbrücke aus beobachtet hatten.

»Aber er wollte keine Hilfe«, ergänzte Finn wenig rücksichtsvoll. »Er ist eher vor uns weggelaufen. So sah es jedenfalls aus. Er hat sich abholen lassen und ist abgehauen. Wieso? Kennt er die Täter?«

Sandra zuckte mit den Schultern. »Ich weiß nicht.«

Joanna zog ihre Augenbrauen zu einem kritischen Blick zusammen. Konnte sie Sandra diesmal trauen?

»Okay«, sagte sie nach kurzem Nachdenken. »Dann sollten wir es herausbekommen.«

»Was?«, fragte Sandra verwirrt.

»Wir müssen wissen, wer die Täter sind und was sie wollen. Und ob sie deinem Vater wirklich unbekannt sind oder ob er vielleicht in eine miese Sache verwickelt ist.«

»Ich soll meinem eigenen Vater nachspionieren?«, empörte sich Sandra. »Spinnst du?«

»*Mich* würde interessieren, wer mich in einen Schrank einschließt«, gab Joanna zurück. »Allein schon, um zu verhindern, dass das wieder passiert.«

Sandra schluckte. »Na schön«, stimmte sie zu. »Aber wie?«

»Indem du uns erst einmal erzählst, was bisher geschehen ist und was du weißt. Schon vergessen? Deshalb waren wir ja im Park verabredet!«

Sandra nickte. »Ja, das stimmt. Und wo?«

»Hier!«, bestimmte Joanna. »Aufräumen können wir später.«

Sie warf die Sachen, die auf der unteren Liege des Etagenbetts verstreut waren, herunter, setzte sich im Schneidersitz darauf und forderte Sandra auf zu erzählen. Zögerlich setzte sich Sandra zu ihr. Finn nahm auf einem Hocker gegenüber Platz, während Brenda und Leo sich auf das obere Bett schwangen und die Beine baumeln ließen.

Sandra suchte erst nach Worten. Aber dann begann sie zu erzählen: Ihr Vater hatte sie, nur wenige Tage nachdem sie die Einladung zum Kinderparlament bekommen hatte, gefragt, ob sie für das Gamehouse oder den Spielplatz abstimmen wollte. Sandra hatte sich noch nicht entschieden. Stück für Stück hatte ihr Vater ihr dann das Gamehouse schmackhaft gemacht und die neuesten elektronischen Geräte als Geschenke in Aussicht gestellt.

»Ich habe zum Beispiel einen superteuren Laptop bekommen. Das lässt man sich doch nicht entgehen, wenn man sich sowieso nicht entscheiden kann. Hättet ihr sicher auch nicht gemacht!«

Joanna hob abwehrend die Hände. »Natürlich hätte ich das abgelehnt. Was denkst du denn?«

»Echt?«, fragte Finn. »Also ich hätte den Laptop genommen. Was war denn das für einer?«

»Finn!«, wies seine Schwester ihn zurecht.

Auch Leo zuckte nur mit den Schultern, was heißen sollte, auch er hätte zu dem Laptop nicht »Nein« gesagt.

Brenda hingegen fragte nach: »Und was ist mit den Klamotten, wie Maike und Jacqueline sie haben? Hat dein Vater auch Bargeld ausgezahlt?«

»Nein, nein. Nur Gutscheine für Markenkleidung. Aber die meisten wollten lieber iPads und Smartphones.«

»Das konnte man sich aussuchen?«, fragte Finn. »Also mich hat niemand gefragt!«

»Das liegt an deiner Schwester«, bekannte Sandra. »Joanna war schon vorher über Facebook und auch im Kinderparlaments-Forum so eifrig, dass mein Vater sie erst einmal ausgelassen hat.«

»Oh Mann!«, beschwerte sich Finn. »Und deshalb hat auch *mich* niemand gefragt?«

»Sag mal, tickst du nicht mehr richtig?«, schimpfte Joanna. »Niemand in unserer Familie ist korrupt. Auch du nicht!«

Finn verstummte und zog ein mauliges Gesicht. ›Man hätte doch sehr gut einen Laptop nehmen und dann trotzdem abstimmen können, wie man wollte‹, dachte er heimlich.

»Na ja, und ihr beiden«, Sandra zeigte auf Brenda und Leo über ihr. »Ihr habt euch zu schnell mit Joanna angefreundet. Da haben wir euch auch ausgelassen!«

»Schönen Dank auch, Joanna!«, rief Leo hinunter.

Brenda stieß ihm in die Seite. »Nun fang du nicht auch noch an.« Dann beugte sie sich hinunter und fragte: »Und alle anderen Kinder haben sich bestechen lassen?«

»Nein«, antwortete Sandra. »Ein Teil war ja sowieso fürs Gamehouse. Du ja auch zuerst, Leo. Die werden erst angesprochen, wenn sie umschwenken sollten. Ein kleiner Teil blieb standfest. Vor allem aber, weil sie schon gute Geräte besitzen. Und ein Teil ist erst später darauf eingegangen.«

Brenda konnte immer noch nicht glauben, dass sie das nicht gemerkt hatte.

»Flo und ich haben die meisten heimlich angesprochen. Besonders Flo. Der bekommt nämlich für jedes geworbene Kind eine Extraprämie!«

»Wow!«, kommentierte Finn. Und da es sich ein bisschen so anhörte, als hätte er diesen Job auch gern gemacht, schaute seine Schwester ihn wieder strafend an.

»Und?«, fragte Joanna, bevor ihr Bruder sich noch mehr als unmoralisch outete. »Weshalb tut dein Vater das? Für wen arbeitet er?«

Sandra zog die Schultern hoch. »Ich weiß es nicht. Er hat nur gesagt, es wäre gut für die Stadt und die Zusammenhänge seien zu kompliziert. Aber ich würde ihm eine große Freude machen, wenn ich für eine Mehrheit fürs Gamehouse sorge.«

»Ach!«, brauste Joanna auf. »Und was sollte die ganze Show, dass du angeblich erst für den Spielplatz warst? Wieso hast du mich hereingelegt?«

Sandra schaute verlegen zur Seite. »Na ja, das hat mein Vater mir beigebracht. Er hat gesagt, ohne Strategie und Taktik würde Politik nicht funktionieren.«

Joanna sprang auf und hätte sich beinahe am oberen Bett den Kopf gestoßen. Gerade noch rechtzeitig zog sie ihn ein. »Strategie und Taktik?«, wiederholte sie. »Verarschung nenne ich das! Mich haben sie aus dem Parlament geworfen!«

»Ich weiß«, bekannte Sandra kleinlaut. »Tut mir ja auch leid, aber …«

»Was aber?« Joanna stand nun vor Sandra und beugte sich drohend zu ihr hinunter.

»Na ja, wie schon gesagt: Du warst die eifrigste und gefährlichste Gegnerin des Gamehouse!«

Joanna schnappte nach Luft. Eigentlich war es ja ein verstecktes Lob, dass ihre Arbeit und ihr Einsatz für den Spielplatz gut waren. Aber deswegen musste man sie doch nicht gleich als Feindin behandeln.

»Und deshalb wurde ich überfallen?«, schnaufte sie ärgerlich. »Mich hätte fast ein Radfahrer über den Haufen gefahren. Bedroht wurde ich auch. Und das gesamte Kinderparlament habt ihr bestochen!«

»Nur die, die für den Spielplatz waren«, wiederholte Sandra.

»Nur?«, betonte Joanna schnippisch. »Ich finde, das reicht. Damit ist jetzt Schluss!«

Mit dieser Ankündigung überraschte sie alle. Sandra schaute Joanna argwöhnisch an. Leo fragte vorsichtshalber nach: »Was hast du denn vor?« Nur Finn ahnte, was auf sie zukam. Er stützte den Kopf in die Hände und seufzte leise.

»Morgen werde ich alles im Parlament publik machen. Und dann werden wir sehen. Vielleicht müssen alle Kinder, die sich haben bestechen lassen, ausgetauscht werden!«

»Ausgetauscht?« Finn hob den Kopf. »Wie soll das denn bitte schön gehen?«

Joanna sah da kein Problem. Immerhin war im Gegensatz zu den echten Abgeordneten von den Kindern keines gewählt. Sie wurden ausgelost. Die Warteliste war groß. Man konnte von

69

einem Tag auf den anderen die korrupten Kinder nach Hause schicken und neue berufen. Das war wesentlich praktischer als im richtigen Parlament. Solange da jemand nicht freiwillig zurücktrat, konnte man kaum etwas gegen ihn unternehmen.

»Du kannst doch gar nicht beweisen, dass die Kinder bestochen wurden«, wandte Finn ein.

Leo pflichtete ihm bei.

»Finn hat recht. Nur weil einer das neue Mini-iPad besitzt, heißt das ja nicht, dass er nicht sowieso für das Gamehouse gestimmt hätte.«

»Da ist etwas dran«, meinte Brenda. »Nur weil jemand gegen den Spielplatz ist, heißt das ja noch lange nicht, dass er korrupt ist. Niemand wird das zugeben und dann laufen unsere Anschuldigungen ins Leere. Am Ende setzen sie uns wieder vor die Tür. Du hast ja gesehen, wie schnell das geht.«

Joanna starrte in die Runde und kaute auf ihrer Unterlippe herum. Sie wusste, ihre Freunde hatten recht. Sie hatte keinen einzigen Beweis. Außer …

»… und wenn Sandra ein Geständnis ablegt?«

Sandra schreckte auf. »Was? Ich soll … vor allen Kindern …?« Ihr Gesicht wurde kreidebleich.

»Wieso?«, wandte Joanna ein. »Die meisten wissen es doch sowieso, weil sie bestochen wurden.«

»Werden es aber abstreiten«, sagte Brenda noch mal. »Und dann steht Sandra genauso blöd da wie wir.«

»Und ihr werdet sicher weiter bedroht«, rief Finn. »Wenn ihr jetzt auch noch im Parlament auspackt, könnte das schlimm ausgehen!«

Joanna stieß einen Fluch aus. »Das kann doch nicht sein!«, schimpfte sie. »Wir wissen jetzt, wie die Bestechung abgelaufen ist, und wir können nichts dagegen tun?«

»Wir müssten es beweisen«, sagte Brenda. »Und vor allem: Wir wissen, dass Sandras Vater hinter allem steckt. Bloß: Der wurde ja selbst auch überfallen. Das glaubt uns dann sowieso niemand mehr.«

»Wir brauchen also Beweismittel.« Joanna schnipste mit den Fingern. »Okay, dann müssen wir eben welche besorgen!«

»Und wie?«, fragte Leo.

»Als Erstes untersuchen wir den Tatort!«, verkündete Joanna.

Blutspur in Berlin

Es ging auf 21 Uhr zu und den Kindern wurde allmählich die Zeit knapp. Jetzt sollten sich alle zur Nachtruhe auf ihren Zimmern eingefunden haben. Das Gute war, dass Frau Krauth-Sauer und die anderen Projektleiter sich nicht im Hotel aufhielten. Das Schlechte, dass drei Sozialpädagogen durch die Zimmer gingen und kontrollierten, ob alle da waren.
Zwar schien es die Pädagogen nicht wirklich zu interessieren, wo die Kinder waren und was sie trieben. Immerhin war es Sandra am Vorabend gelungen abzuhauen. Trotzdem war Finn ziemlich mulmig zumute bei dem Gedanken, unerlaubterweise das Hotel zu verlassen.

»Willst du wirklich jetzt noch zur Brücke und den Tatort des Überfalls untersuchen?«, fragte er seine Schwester.

»Natürlich«, antwortete Joanna. »Morgen werden die meisten Spuren verschwunden sein.«

»Was für Spuren sollen das denn sein?«, fragte Finn nach.

»Abwarten«, beharrte Joanna. »Bei der Prügelei haben die Täter sicher Abdrücke im Boden hinterlassen. Und bei ihrer hektischen

Flucht haben sie vielleicht etwas verloren. Also, wie umgehen wir die Pädagogen am besten?«

»Wir legen uns angezogen ins Bett, die Decke bis zum Kinn. Wenn die Kontrolle vorüber ist, schleichen wir uns in entgegengesetzter Richtung raus«, schlug Sandra vor.

»In entgegengesetzter Richtung?«, fragte Joanna.

Sandra nickte. »Rechts geht's zum Fahrstuhl, links zur Feuertreppe. Die Pädagogen gehen alle Zimmer ab und steigen dann in den Fahrstuhl.«

»Okay«, sagte Joanna. »Also nehmen wir die Feuertreppe. Wir treffen uns unten am Zebrastreifen.«

Leo und Finn stimmten zu und verschwanden in ihr Zimmer.

Brenda hielt es für besser, im Hotel zu bleiben. Sie teilte sich das Zimmer mit einem Mädchen, das seit der Bootsfahrt ein neues Smartphone besaß. Brenda wollte nicht das Risiko eingehen, von ihr verpetzt zu werden. Am Ende würde noch herauskommen, dass Joanna und ihre Freunde vorhatten, den ganzen Korruptionsskandal auffliegen zu lassen.

»Ich halte lieber die Ohren auf, was sich bei den anderen so tut«, versprach sie, womit alle einverstanden waren.

Für Joanna und Sandra war es ebenso leicht, die Pädagogen auszutricksen, wie für Leo und Finn. Die Pädagogen legten nicht besonders viel Ehrgeiz in die Anwesenheitskontrolle, sondern sahen zu, möglichst schnell zu ihrer Abendsitzung zu kommen, um den »Tag auszuwerten«. Joanna fragte sich, was sie zu bereden hatten, wenn sie weder die Bestechung der Kinder bemerkt hatten noch, dass einige Kinder spätabends aus dem Haus verschwanden.

Nach dem Kontrollgang konnten Joanna und Sandra mühelos aus dem Haus verschwinden und gemeinsam mit Leo und Finn zu der Stelle laufen, an der Sandras Vater überfallen worden war.

Obwohl es noch hell war, hatte Joanna eine Taschenlampe mitgebracht, um den Boden besser absuchen zu können. Als sie sie anknipste, schreckten alle zurück. Deutlich erkannten sie Blutflecken, die vom Überfall herrührten. Sandra hielt sich vor Schreck eine Hand vor den Mund.

»Sag mal«, fragte Joanna. »Haben sich deine Eltern noch immer nicht bei dir gemeldet, um dir zu sagen, dass dein Vater überfallen wurde?«

Sandra schüttelte den Kopf, zog aber sicherheitshalber ihr Smartphone aus der Tasche, um nachzusehen. Doch da war nichts.

»Also unsere Eltern hätten uns sofort informiert«, sagte Finn.

Joanna stimmte ihm zu. »Sandras Mutter vielleicht auch. Aber wahrscheinlich weiß auch sie nichts davon. So wie dein Vater von hier geflüchtet ist, scheint mir, dass er den Überfall geheim halten will.« Sie machte mit ihrem Smartphone einige Fotos von den Blutspuren, auch wenn sie noch keine Idee hatte, was sie damit anfangen sollte. »Wenn wir eine richtige Polizei wären, könnten wir feststellen, ob vielleicht auch Täterblut dabei ist.«

»Sind wir aber nicht«, stellte Leo noch mal klar. »Wir sind nur Kinder. Und ich weiß nicht, ob das gut ist, was wir hier gerade tun.«

»Nun heul dir mal nicht ins Hemd«, pflaumte Joanna ihn an, während sie weiter mit der Taschenlampe den Boden absuchte.

»Wieso leuchtest du eigentlich mit der Lampe?«, fragte Leo. »Es ist doch hell genug!«

»Deshalb!«, antwortete Joanna und deutete mit dem Lichtstrahl auf eine bestimmte Stelle. »Siehst du den Lichtreflex? Da liegt etwas Metallisches, das ich ohne Lampe vermutlich übersehen hätte.« Sie bückte sich danach, hob es auf und zeigte es den anderen.

»Ein Knopf!«, sagte Finn.

»Und zwar ein ganz und gar ungewöhnlicher«, stellte Joanna fest. »Silber mit einem eingravierten schwarzen Tier. Was ist das. Ein Bär?«

»Käme hin. Der Bär ist das Stadtwappen von Berlin«, sagte Finn.

»Der Bär vom Wappen sieht aber ganz anders aus«, meinte Leo. »Das Wappentier wird von der Seite gezeigt. Dieser hier von vorn, mit erhobenen Tatzen, als ob er angreifen wollte.«

»Will er ja vielleicht«, ergänzte Sandra. »Ich meine, immerhin ist mein Vater ja angegriffen worden.«

»Wow!«, sagte Joanna. »Du meinst, das ist das Zeichen einer Profi-Schlägerbande?«

Leo tippte sich mit dem Finger gegen die Stirn. »Wie blöd wäre das denn? Jemanden zu überfallen und sein Zeichen am Tatort zurückzulassen!«

Doch Joanna ließ diesen Einwand nicht gelten. »Der Täter hat den Knopf bestimmt nicht freiwillig hier liegen lassen. Eher hat Sandras Vater ihn im Kampf abgerissen.«

»Außerdem gibt es ja Banden, die ganz offen ihre Symbole zeigen«, meinte Finn. »Ich hab das im Fernsehen gesehen, bei Motorradgangs und Rockerbanden und so.«

»So sahen mir die drei aber nicht aus!«, wandte Leo ein.

»Eben!« Joanna fühlte sich bestätigt. »Vielleicht Anfänger oder Amateure unter den Schlägern. Die verlieren dann einen Knopf.«

»Ich weiß nicht …«, zweifelte Leo.

»Immerhin ein wichtiges Indiz. Wir googeln nachher mal das Zeichen«, sagte Joanna.

Auf dem Rückweg ins Hotel fragte Finn Sandra: »Wie sichert dein Vater eigentlich ab, dass die Kinder nicht einfach die Geschenke entgegennehmen und nicht trotzdem abstimmen, wie sie wollen?« Genauso hätte er es nämlich gemacht, wenn Joanna ihm nicht im Weg gestanden hätte.

Joanna blieb stehen und gaffte ihren Bruder an.

»Was ist?«, fragte der erschrocken.

»Das war wirklich eine gute Frage, Finn!«, lobte Joanna.

Finn spürte eine Welle des Stolzes durch seinen Körper ziehen, doch dann verzog er leicht eingeschnappt die Miene. Als ob es solch eine Sensation wäre, wenn er mal eine gute Frage stellte.

»Und?«, hakte Joanna bei Sandra nach. »Finn hat recht. Die Kinder können ihre Smartphones einheimsen und dann trotzdem für den Spielplatz stimmen.«

»Du hast doch gesehen, wie gut es im Parlament geklappt hat!«, warf Leo ein, während Sandra noch immer schwieg.

Joanna wischte seinen Einwand beiseite. »Bei den echten Politikern ist mir das klar. Da darf die Bestechung nicht auffliegen, sonst sind sie ihren Job los. Aber die Kinder haben doch gar nichts zu verlieren. Es muss ein zusätzliches Druckmittel geben, sonst klappt die Bestechung nicht.«

»Die müssen dann ihre Sachen zurückgeben«, vermutete Finn.

Wieder winkte Joanna ab. »Und wenn sie es nicht tun? Es wird ja wohl kaum einen schriftlichen Vertrag geben, mit dem sie verklagt werden können. Nach dem Motto: Der kleine Heinz hält sich nicht an die Schmiergeld-Vereinbarung! Ha, ha! Das geht nicht!«

Finn kratzte sich am Kopf. Seine Schwester hatte recht.

Auch Leo kam ins Grübeln. »Es stimmt!«, murmelte er leise. »Die Geschenke sind ein netter Anreiz, für das Gamehouse zu stimmen. Aber ein Druckmittel sind sie nicht.«

»Sag ich doch!« Joanna wirkte plötzlich wie elektrisiert, weil sie glaubte, eine neue, verheißungsvolle Spur gefunden zu haben. »Da muss es noch etwas geben.«

»Nicht, dass ich wüsste«, wehrte Sandra ab. »Was soll es denn da geben?«

Sie hatten mittlerweile den Hoteleingang erreicht. Joanna sandte Brenda eine Nachricht, dass sie wieder da waren und sich treffen konnten.

Brendas Antwort kam unmittelbar. »Kommt hoch in mein Zimmer. Schnell!«

Die vier warteten nicht auf den Fahrstuhl, sondern liefen die Treppe hinauf zu Brendas Zimmer. Die schaute schon aus ihrer Zimmertür heraus und winkte ihnen hastig zu.

»Was ist passiert?«, fragte Joanna.

»Das Gleiche wie bei Sandra!«, antwortete Brenda. »Scheibe eingeschlagen, Zimmer durchwühlt.«

Joanna erschrak, erfasste aber mit einem Blick über Brendas Schulter, dass sowohl ihre Fensterscheibe heil als auch das Zimmer aufgeräumt war.

»Nicht hier!«, erklärte Brenda. »Nebenan bei den beiden Mädchen mit den neuen Klamotten. Die heißen übrigens Michaela und Rabia.«

»Wieso denn bei denen?«, wunderte sich Joanna. Wie sie die beiden einschätzte, würden die auch ohne Geschenke für ein Gamehouse stimmen. Sie zu bedrohen war völlig unnötig.

Joanna wollte sich gerade auf den Weg zu deren Zimmer machen, als Brenda sie zurückhielt. »Und bei Florian.« Brenda zeigte mit dem Finger nach oben, weil Florians Zimmer direkt über ihrem lag.

»Florian?«, rief Joanna erstaunt. »Der hat die doch alle für das Gamehouse geworben!«

»Das Druckmittel!«, sagte Finn.

»Wie bitte?«, fragte Brenda.

Finn erklärte ihr die Theorie, die sie entwickelt hatten.

»Drohungen gegen die eigenen Leute?«, fragte Brenda nachdenklich.

»Na klar!«, versicherte Finn. »Die müssen ihre Macht unter Beweis stellen, sonst nimmt sie niemand ernst.«

»Da könnte etwas dran sein«, stimmte Brenda zu. »Aber wieso ausgerechnet Sandra? Und wieso ihr Vater? Auf den muss man doch keinen Druck ausüben!«

»Na ja, Sandras Vater ist zwar Anstifter der Bestechung«, sagte Joanna. »Aber möglicherweise ist er selbst dazu nur gezwungen worden.«

»Das ist doch Blödsinn!«, widersprach Sandra. »Womit sollte mein Vater denn erpresst werden?«

Kaum hatte sie die Frage ausgesprochen, wurde ihr heiß und kalt. Sie las die Antwort in den Mienen der anderen: Sie selbst war das Druckmittel für ihren Vater! Deshalb der Einbruch in ihr Zimmer. Man wollte ihrem Vater zeigen, dass man jederzeit an Sandra herankam!

»Und die Prügel, die er selbst bezogen hat?« Für Finn gab es noch kein stimmiges Bild.

Leo hingegen wurde die Sache jetzt auch klar. »Die haben ihn stellvertretend für seine Tochter verprügelt. Nach dem Motto: So können wir zuschlagen. Und das nächste Mal ist deine Tochter dran.«

Joanna nickte. »Das heißt doch aber, dass in den Augen der Erpresser irgendetwas schiefgegangen sein muss. Sonst müssten die doch nicht so massiv drohen und damit das Risiko eingehen, dass die ganze Sache auffliegt. Aber was ist schiefgegangen?«

»Du!«, behauptete Brenda.

Joanna verstand nicht.

»Dein Auftritt im Parlament heute Morgen. Und deine Nachforschungen auf dem Schiff. *Das* ist schiefgegangen. Du bist denen ein Dorn im Auge. Und die anderen warnen sie, sich bloß nicht von dir beeinflussen zu lassen.«

Joanna musste schlucken. »*Ich* bin schuld, dass Sandras Vater überfallen und verprügelt wurde?«

Brenda schüttelte schnell den Kopf. »Nein, schuld sind die Täter. Aber du warst der Anlass!«

»Oh Mann!«, seufzte Joanna. »Das ist trotzdem ein Scheißgefühl.«

Verfolgung

Am nächsten Morgen gingen Joanna, Finn, Leo, Brenda und Sandra wie alle anderen auch in die Plenarsitzung. Sandra setzte sich wieder zur Gamehouse-Fraktion, um nicht weiter aufzufallen. Sie hatten sich vorgenommen, sich zunächst nicht anmerken zu lassen, dass sie den Bestechungsskandal durchschauten.

Zu Beginn der Plenarsitzung ergriff die Projektleiterin das Wort. Natürlich waren die Übergriffe auf die Hotelzimmer nicht unbemerkt geblieben. Allerdings stellten die Pädagogen keinerlei Zusammenhang zu den auffälligen Geschenken an die Kinder her. Sie hielten es offensichtlich für normal, dass Jugendliche aus gutbürgerlichen Elternhäusern plötzlich mit elektronischen Geräten herumliefen, die ganz frisch auf dem Markt waren.

Stattdessen hatten die Pädagogen ihre eigenen Theorien zu den Überfällen entwickelt. Für sie waren die Überfälle Ausdruck von »Frust« der ärmeren Jugendlichen über die »Gutbetuchten« im Kinderparlament. So jedenfalls referierte die Projektleiterin. Sie bat um Verständnis für die schwierige Lage der Jugendlichen, die keine Perspektive hätten und für die man sich auch hier im

Kinderparlament einsetzen werde. Selbstkritisch räumte sie ein, dass von den fünfzig ausgewählten Kindern für das Kinderparlament tatsächlich keines aus einer arbeitslosen Familie kam.

»Das war vielleicht ein Fehler«, erklärte Frau Krauth-Sauer. Dass die Pädagogen mit ihrer Theorie meilenweit neben der Wirklichkeit lagen, wussten sie nicht. Sie merkten nicht einmal, dass sie den unzulässigen Generalverdacht aussprachen, arme Familien würden dazu neigen, kriminell zu sein.

Finn kratzte sich verwirrt am Kopf. »Gut betucht?«, fragte er. »Meinen die etwa uns? Die kennen wohl Papas Einkommen als Künstler nicht?«

»Also, die jungen Männer, die Sandras Vater verkloppt haben, schienen mir weder arm noch frustriert zu sein. Eher ziemlich kriminell!«, sagte Leo.

»Ich weiß ja nicht, wie viel Taschengeld ihr so bekommt. Ich jedenfalls zu wenig!«, ergänzte Brenda. »Aber deshalb schlage ich noch lange keine Fensterscheiben in Hotelzimmern ein.«

Joanna winkte ab. »Die Sozialpädagogen schnallen doch überhaupt nicht, worum es hier geht«, fasste sie zusammen. »Ich glaube, wir sind da einer fetten Sache auf der Spur.«

Finn seufzte. Ihm stand eigentlich wenig der Sinn danach, einen Kriminalfall zu lösen. Viel lieber hätte er entspannt das Parlament und die Stadt Berlin genossen.

Frau Krauth-Sauer eröffnete nun wieder die Debatte und rief die erste Rednerin des Tages auf: Rabia.

»Ach du großer Gott!«, stöhnte Joanna. »Eines der Mäuschen mit neuer Kleidung. Ich hab sie mit Jacqueline und Maike zusammenglucken gesehen. Die drei haben mehr Modenschau gemacht als die Debatte vorbereitet.«

In der Tat trug Rabia eine der neuen teuren Blusen, die sie am Vortag geschenkt bekommen hatte. Sie sah etwas verloren aus, so allein hinter dem Rednerpult. Gerade als Joanna das dachte, tauchte Jacqueline neben ihr auf.

»Wir haben uns überlegt, dass wir unseren Redebeitrag gemeinsam machen«, piepste Rabia ins Mikro.

Joanna stöhnte. »Oh no, Mädels!«

»Äh«, stotterte die Projektleiterin. »Das ... ist eigentlich nicht üblich ... in einem Parlament.«

Leo klopfte sich auf die Schenkel. »Wie krank ist das denn?«, johlte er. »Stellt euch mal vor, Bundeskanzlerin Merkel würde nur Händchen haltend mit von der Leyen sprechen?«

»Wer ist denn von der Leyen?«, wollte Finn wissen.

»Eine Ministerin«, antwortete Leo. »Für Soldaten und ihre Familien oder so.«

Trotzdem fand auch Finn die Vorstellung ulkig, wie zwei Politikerinnen Hand in Hand am Rednerpult standen.

»Ey, das hier ist kein Disco-Klo!«, rief Leo laut.

Frau Krauth-Sauer rief ihn zur Ordnung, erklärte dann den beiden Mädchen aber, dass sie allein reden müssten. Jacqueline zog eine Schnute und trollte sich.

Rabia räusperte sich. »Also ich bin für das Gamehouse!«

Tosender Beifall der Gamehouse-Fraktion. Rabia lächelte geschmeichelt.

Joanna stöhnte erneut auf. »Wie? Dafür gibt es schon Beifall, oder was? Wie wär's denn mal mit einem Argument?«

»Ein Gamehouse kann man auch gut benutzen, wenn es regnet«, sagte Rabia.

Beifall von der Gamehouse-Fraktion.

»Ja, klar!«, rief Brenda dazwischen. »Da wird die teure Bluse nicht nass, oder?«

Joanna grinste und klatschte mit Brenda ab. Frau Krauth-Sauer rief sie zur Ordnung.

»Aber in einem Gamehouse sollte es nicht nur Spiele geben, sondern auch Internet-Stationen, wo man zum Beispiel seine Hausaufgaben machen kann.«

Beifall von der Gamehouse-Fraktion.

»Was ist das denn für eine Schleimerei!«, schimpfte Joanna. »Wer macht denn Hausaufgaben in einem Haus voller Computerspiele?«

»Und Spielplätze sind nur für die Kleinen. In einem Gamehouse haben auch ältere Kinder und Jugendliche etwas davon«, argumentierte Rabia weiter.

Gerade wollte Joanna auch das mit einem Zwischenruf kommentieren, als Finn aufsprang und auf die Zuschauertribüne zeigte. »Seht mal!«

Joanna wusste nicht so recht, was oder wen er meinte.

Leo erkannte den Mann aber sofort. »Der war bei dem Überfall dabei!«

»Bist du sicher?«, fragte Joanna. »Woran wollt ihr das erkennen?«

»An seinem Oberteil. Pullover von Red Bridge. Eigentlich viel zu warm bei diesem Wetter. War mir gestern schon aufgefallen!«, erläuterte Finn.

Der junge Mann hatte offenbar bemerkt, dass die Kinder ihn im Visier hatten. Er erhob sich von seinem Platz.

»Siehst du«, sagte Leo. »Eine Cipo-&-Baxx-Jeans. Die hatte er gestern auch an. Finn hat recht. Das ist er!«

»Seit wann interessiert ihr euch für Mode, Jungs?«, wunderte sich Joanna. »Ihr seid ja schlimmer als unsere drei Modepüppchen dort hinten.«

»Wir interessieren uns für Hip-Hop«, stellte Finn richtig. »Da kennt man auch die Klamotten.«

»Er will abhauen, seht ihr?« Leo zeigte wieder nach oben.

Der junge Mann ging die Stuhlreihe durch zum Mittelgang, dann hinauf zum Ausgang.

»Hinterher!«, entschied Joanna. »Schnell!«

Leo und Brenda wollten sofort aufbrechen, doch Joanna hielt sie zurück.

»Es genügt, wenn Finn und ich ihm folgen. Bleibt ihr hier und beobachtet, was weiter passiert. Und behaltet auch Sandra im Auge, okay? So hundertprozentig traue ich ihr noch nicht.«

»Okay!«, stimmte Brenda zu.

Auch Leo war einverstanden und setzte sich wieder.

Joanna und Finn verließen ihre Plätze und eilten zum Ausgang, ohne dass es jemanden gestört hätte. Nicht einmal die Projektleiterin machte dazu irgendeine Bemerkung. Es schien normal zu sein für Parlamentarier, zu kommen und zu gehen, wann man wollte. Politiker war vielleicht gar kein so schlechter Beruf, dachte Finn. Er hatte als Vorbereitung aufs Kinderparlament recherchiert, was echte Politiker im Bundestag verdienten: Jeder Abgeordnete bekam 9.082 Euro im Monat und zusätzlich eine steuerfreie »Aufwandsentschädigung« von 4.267,06 Euro. Machte in der Summe ein Monatseinkommen von 13.349,06 Euro. Sein Vater kam als freischaffender Künstler auf nicht einmal ein Viertel davon!

»Joanna!«, rief Finn. »Ich werde später mal Politiker!«

»Von welcher Partei denn?«

»Ist mir schnurz«, antwortete Finn. »Die verdienen alle das Gleiche!«

Joanna lachte. »Dann solltest du besser gleich Minister werden. Die bekommen deutlich mehr!«

»Echt?«, staunte Finn. »Gibt es einen Minister für Kinder?«

»Nein!«, antwortete Joanna. »Nur für Jugend, Frauen, Familie und Senioren.«

»Hä?«, wunderte sich Finn. »Für Frauen extra, aber nicht für Kinder? Bei der Jugend, den Familien und den Senioren sind doch sowieso lauter Frauen dabei, aber keine Kinder. Wieso denn Frauen doppelt und Kinder gar nicht? Spinnen die?«

»Wir gehören zur Jugend!«, erklärte Joanna.

»Ha!«, antwortete Finn. »Auf einmal! Aber bei Filmen ab sechzehn bestehen sie wieder darauf, dass wir Kinder sind und die nicht sehen dürfen. Na danke schön!«

»Dann gehören wir eben zur Familie!«, behauptete Joanna.

Doch auch damit gab sich Finn nicht zufrieden. »Das tun Jugendliche und Frauen auch. Und Senioren sowieso. Oder gehören Omas und Opas plötzlich nicht mehr zur Familie?«

»Pst«, mahnte Joanna. »Jetzt sollten wir uns darauf konzentrieren, den Typen nicht aus den Augen zu verlieren.«

»Okay«, flüsterte Finn. »Aber ich werde Kinderminister. Das kannst du dir schon mal merken!«

Der Mann verließ jetzt das Reichstagsgebäude, ging bis zur Scheidemannstraße, vorbei an der Ebertstraße und weiter geradeaus in die Dorotheenstraße. Dann bog er rechts in die Wilhelmstraße ein.

Joanna schaute ihm hinterher. »Wo will der hin?«

»Zum Brandenburger Tor!«, vermutete Finn, der ihren Weg auf dem Navi seines Smartphones verfolgte. »Vielleicht geht er zu Madame Tussauds Wachsfigurenkabinett Unter den Linden.«

»Du bist auch so eine Wachsfigur«, kicherte Joanna. »Achtung, er dreht sich um!«

Weil ihr auf die Schnelle nichts anderes einfiel, hockte sie sich hin und tat so, als ob sie ihre Schnürsenkel binden würde. Dabei hatten ihre Schuhe Klettverschlüsse. Finn stellte sich schützend vor seine Schwester, den Rücken dem Mann zugewandt, den sie verfolgten.

»Was macht er?«, fragte er Joanna, die durch Finns Beine hindurch den Mann beobachtete.

»Er zündet sich eine Zigarette an.«

»Na toll. Und sonst?«

»Steht nur da. Sieht sich um. Verdammt, das fällt auf, wenn ich weiter an meinen Schuhen herumfummle!«

»Dann steh doch auf!«

Joanna erhob sich. Der Mann aber bewegte sich nicht.

»Mist!«, zischte Joanna durch die Zähne hindurch. »Wir müssen an ihm vorbei, sonst fällt es auf, dass wir ihn verfolgen. Los, komm!«

Plötzlich sprach sie deutlich lauter. »So! Du willst also Minister für Kinder werden? Interessant! Wusstest du, dass die Position des Familienministers, dem das ja angegliedert wäre, seit über dreißig Jahren nicht mehr von einem Mann besetzt wurde?«

Finn schaute seine Schwester irritiert an. Die zwinkerte ihm zu, woraufhin Finn begriff. Joanna tat so, als würden sie nur spazieren gehen und sich über den Tag im Kinderparlament austauschen.

»Aha!«, antwortete er übertrieben laut. »Na, dann wird es ja Zeit, dass ich es werde!«

»Und?«, fragte Joanna nach. »Was würdest du als Erstes durchsetzen?«

»Hausaufgaben verbieten!«, antwortete Finn postwendend. Dazu brauchte er gar nicht lange nachzudenken. »Wenn man den ganzen Tag in einer Ganztagsschule herumhängt, braucht man auf gar keinen Fall noch Hausaufgaben am Abend!«, posaunte er in die Gegend. »Und ein Verbot für Sechser in den Zensuren.«

»Dann müsstest du allerdings Bildungsminister werden«, klärte seine Schwester ihn auf. »Für Hausaufgaben ist das Familienministerium nicht zuständig.«

»Doch!«, beharrte Finn. »Ich werde Minister für Kinder, Familie und Bildung. Das passt doch viel besser zusammen. Du kannst ja Frauen und Rentner machen!«

»Ha, ha!«, lachte Joanna. »Vielen Dank auch!«

Der Mann ließ sich nicht täuschen. Als Joanna und Finn betont unauffällig an ihm vorbeispazierten, schnippte er seine Zigarette beiseite, beugte sich zu den beiden Kindern vor und grummelte: »Mir braucht ihr nichts vorzumachen. Wenn ihr mir weiter nachspioniert, bekommt ihr was auf die Fresse. Und zwar beide: Frau und Kind. Kapiert?« Er tippte nacheinander erst Joanna und dann Finn drohend auf die Brust.

Finn erstarrte. Auch, weil er auf dem Handrücken des Mannes etwas entdeckte. Joanna brachte keinen Ton heraus.

»Also«, sagte der Mann weiter. »Umdrehen und Abmarsch. Und dann lasst euch hier nie wieder blicken!«

»Wir … wir …«, rang Joanna nach Worten.

Der Mann zeigte streng in die Richtung, aus der die beiden gekommen waren. Dann stieß er einen Pfiff aus, gefolgt von: »Ich sagte: Abmarsch!«

Joanna und Finn kehrten auf dem Absatz um und machten, dass sie fortkamen. Allerdings nur bis zur nächsten Straßenecke. Nachdem sie abgebogen und aus dem Sichtfeld des Mannes geraten waren, blieben sie stehen. Joanna legte ihre Wange an die Hauswand, rutschte ganz langsam vor, bis ihre Nasenspitze wieder hinter der Hauswand zum Vorschein kam. Dann versuchte sie, um die Ecke zu schielen. Der Mann war verschwunden! Joanna schob den ganzen Kopf vor, um besser sehen zu können. Doch der Mann blieb verschwunden.

»Verdammt!«, fluchte sie. »Los, komm mit!«

Sie rannte los.

Finn wollte etwas einwenden. Zwecklos. Eilig lief er seiner

Schwester hinterher. Auch wenn er kein gutes Gefühl dabei hatte. Was, wenn es ein Trick war und der Mann auf sie lauerte?

»Hast du die Tätowierung auf seiner Hand gesehen?«

Joanna bejahte. Es war das gleiche Symbol gewesen, das sie auf dem verlorenen Knopf gesehen hatten: ein aggressiver Bär. Noch hatten sie die Bedeutung des Symbols nicht herausbekommen. Finn hatte aber noch gut in Erinnerung, was mit Sandras Vater geschehen war. Der Typ, den sie verfolgten, hatte keinerlei Skrupel, hart zuzuschlagen.

Joanna raste um die Ecke und – lief einem Mann direkt in die Arme! Finn blieb vor Schreck stehen. Jetzt war alles zu spät! Dachte er.

»Na, na, junges Frollein! Wohin so eilig?«

Finn blickte auf. Joanna war gegen einen fremden Mann gerannt. Erleichtert atmete sie durch und entschuldigte sich. Der Mann ging weiter, und Joanna und Finn hatten den Mann, den sie verfolgten, endgültig aus den Augen verloren.

»Schöne Pleite!«, jammerte Joanna.

Finn war es insgeheim recht. Er verspürte nicht allzu viel Lust, sich weiter in Gefahr zu begeben. Doch seine Schwester war nicht bereit, so schnell aufzugeben. Nachdenklich kaute sie auf der Unterlippe.

»Wo wollte er wohl hin?«, fragte sie.

»Woher sollen wir das wissen?«, fragte Finn zurück. »Da geht's zum Brandenburger Tor. In der entgegengesetzten Richtung ist der Tiergarten. In dem Park ist eigentlich nichts los.«

»Brandenburger Tor …«, wiederholte Joanna nachdenklich. »Da gehen nur Touristen hin, wenn da nicht gerade eine Riesenparty stattfindet.«

»Vielleicht ein Treffpunkt?«, mutmaßte Finn. »In der Menschenmenge schön unauffällig.«

»Und unübersichtlich«, ergänzte Joanna. »Und wozu sollte er mit dem Typen, den er trifft, in der Menschenmenge untertauchen? Die kennt doch keiner. Oder meinst du, der andere ist ein Promi? Dann würden sich sofort ein paar Touris um sie scharen und sie fotografieren. Nee, wenn du mich fragst, ist er nicht zum Brandenburger Tor gegangen.«

»Sondern?« Finn schaute sich um, entdeckte aber nichts, was als Treffpunkt besonders geeignet war.

Joanna sah sich ebenfalls um und schnippte mit den Fingern. »Ich wette, dorthin!« Sie zeigte auf einen riesigen Altbau.

Finn las den Schriftzug oben auf dem Dach: »Hotel Adlon.«

»Schau mal nach, was das für ein Schuppen ist«, forderte Joanna ihn auf.

Finn gab den Namen in sein Smartphone ein.

»Wow!«, rief er. »Das Hotel wurde vom deutschen Kaiser eröffnet. Wilhelm II. hieß der. Ich wusste gar nicht, dass es in Deutschland mal einen Kaiser gegeben hat. Außer Franz Beckenbauer, meine ich.«

»Beckenbauer ist doch kein echter Kaiser, du Dödel!«, lachte Joanna.

»Aber dieser zweite Wilhelm war es. Kaiser, Kaiserin, Prinzessinnen und Prinzen waren zur Eröffnung des Hotels anwesend. Das ist doch etwas für dich! Und hier! Echt krass. Im Jahr 1913 haben Geheimagenten aus der Schweiz herausgefunden, dass ein Attentat auf den russischen Zaren Nikolaus geplant war. Sie haben die Bombe rechtzeitig gefunden, und auch die Täter. Zu ihnen gehörte der stellvertretende Hoteldirektor! Ist das nicht irre? Du gehst in ein Hotel und der stellvertretende Direktor persönlich legt dir 'ne Bombe unters Bett!«

»Kurzum, das ist bis heute ein Luxushaus, in dem Prominente ein und aus gehen«, fasste Joanna zusammen.

»Genau!«, bestätigte Finn. »Eine Nacht in einer Suite kostet zwischen 5000 und 7500 Euro!«

»Prima!« Joanna grinste. »Dann gehen wir da jetzt rein!« Entschlossen setzte sie sich in Bewegung.

»Was?«, stieß Finn entsetzt aus. »Spinnst du?«

»Mach dir nicht in die Hose. Ins Foyer natürlich nur. Das kostet nichts!«

»Die werfen uns raus!«, befürchtete Finn. Er sah an sich herunter. »So, wie wir aussehen!«

Joanna blieb stehen. »Hallo? So, wie wir aussehen, waren wir gerade im Deutschen Bundestag! Der Ort, an dem Gesetze gemacht werden. Da wird es für ein Hotelfoyer ja wohl reichen.« Sie setzte unbeirrt ihren Gang fort.

Finn trottete unschlüssig hinterher. »Was willst du denn dort?«

»Wenn ein Staatssekretär wie Sandras Vater auf offener Straße überfallen wird, dann geht es um eine wichtige Sache. Wo aber kann man besser wichtige Sachen besprechen als in einem solchen Hotel?«, fragte Joanna. »Ich wette, wir finden unseren flüchtigen Täter dort drinnen wieder!«

Finn musste zugeben, Joannas Argument hatte eine gewisse Logik. So ging er mit, achtete aber darauf, ein paar Schritte hinter ihr zu bleiben.

Rund zwanzig Meter vor der Eingangstür blieben sie stehen. Hier begann der rote Baldachin, unter dem man auch bei Regen trockenen Fußes vom Auto bis zum roten Teppich gelangte, der zur kunstvoll verzierten Doppelglastür führte.

»Du willst wirklich da hinein?«, fragte Finn noch einmal.

Joanna wollte. Sie ging forsch auf die große, schwere Tür zu und öffnete sie. Kurz dahinter blieb sie mit ihrem Bruder voller Ehrfurcht stehen. Das war kein Hotel, das war ein Palast!

Man brauchte keine Fantasie, um sich vorzustellen, dass hier

einst Kaiser, Könige und Prinzen residierten. Und heute Staatschefs und Popstars. Die Eingangshalle glich einem riesigen Kasino, wie man es aus James-Bond-Filmen kannte. Nur ohne Spieltische. Stattdessen gab es großzügig im Raum verteilte Sitzgruppen mit weichen Sesseln und Sofas, kostbar gefliese Fußböden und mit dicken Teppichen ausgelegte Wege. Die Mitte gab den Blick frei zu einem viele Meter hohen Glasdach. Die Halle war umsäumt mit einer Galerie im ersten Stock, in dem weitere gemütliche Sitzgruppen bereitstanden, jede einzelne mehr als doppelt so groß wie Finns und Joannas Wohnzimmer zu Hause.

Finn musste schlucken. Er war überzeugt, dass jeden Moment jemand kommen würde, um sie rauszuwerfen. Dann erinnerte er sich an den Film: *Kevin, allein in New York.* Der hatte sich auch allein in einem Luxushotel durchgeschlagen. Und so pfiffig wie Kevin fand Finn sich schon lange. Also beschloss er, seine Furcht zu überwinden.

»Siehst du ihn?«, fragte Joanna.

Tatsächlich. Dort hinten in einem der Sessel saß – Dieter Bohlen!

»Was macht der denn hier?«

»Du hast ihn entdeckt?«, fragte Joanna aufgeregt.

»Klar, da vorn sitzt er.« Finn zeigte auf ihn. »Sucht der hier Superstars oder wie?«

»Den meine ich doch nicht. Ich meine den Mann, den wir verfolgen!«, stellte Joanna klar.

Seine Schwester tat gerade so, als ob es selbstverständlich wäre, dem Pop-Titan hier zu begegnen. Aber er verstand schon. Joanna interessierte sich nicht für Dieter Bohlen. Klar, wenn es der Sänger von Coldplay gewesen wäre, dann wäre sie ausgetickt. Aber so …

»Da ist er!« Joanna stieß ihrem Bruder in die Seite.

›Der Sänger von Coldplay?‹, dachte Finn im ersten Moment. Doch dann wurde ihm klar: Sie hatte den Mann entdeckt, dem sie gefolgt waren.

Joanna packte Finn am Arm und zog ihn hinter eine Säule, damit der Typ sie nicht entdeckte. Nahe der Säule saß ein älterer Herr in einem der dicken, weichen Ledersessel und schielte über seine leicht abgesenkte Zeitung und eine schmale Lesebrille hinweg zu den beiden.

»Hier ist kein Spielplatz, Kinder!«, mahnte er.

Finn zuckte zusammen und wollte gleich verschwinden. Oder sich ein Autogramm geben lassen. Bestimmt war das ein schwerreicher Hollywood-Produzent oder so etwas.

Joanna legte aber nur den Finger auf den Mund und flüsterte: »Bitte verraten Sie uns nicht. Es soll eine Überraschung für unseren Vater sein, dass wir ihn hier abholen!«

Der grimmige Ausdruck schwand aus dem Gesicht des älteren Herrn zugunsten eines milden Lächelns. »Das ist aber nett. Da wird sich euer Vater aber sicher freu…«

»Pssst!«, machte Joanna und schnitt dem Herrn das Wort ab.

›Ein Deutscher!‹, registrierte Finn. Also nicht aus Hollywood. Vielleicht ein Nachfahre des Kaisers?

Der Herr grinste. »Pssst!«, wiederholte er leise und ließ seinen Kopf wieder hinter seiner Zeitung verschwinden.

Der Mann, den sie beobachteten, schien auf jemanden zu warten. Zuerst ging er auf und ab, sah auf die Uhr, schaute sich um, wieder auf die Uhr. Dann schien es ihm wohl zu auffällig zu sein und er setzte sich in einen der großen Sessel im Foyer. Sogleich glitt ein Kellner wie auf einem unsichtbaren Laufband auf ihn zu, kam in gebührendem Abstand zum Stehen und fragte nach dem Wunsch des Gastes.

Der Mann im Sessel winkte nur ab. Der Kellner wollte schon gehen. Da hatte der Mann es sich anders überlegt, rief ihn zurück und bestellte etwas.

Glaubte jedenfalls Joanna. Aber der Kellner schritt zur Rezeption, sprach ein paar Worte mit dem Concierge* und kehrte zu dem Gast im Sessel zurück, um ihm eine Information zu überbringen. Joanna kombinierte, dass er wohl nach seiner Verabredung gefragt hatte. Sie nahm an, dass er sich mit einem Gast aus dem Hotel treffen wollte. Offensichtlich hatte der sich verspätet.

Der Mann im Sessel nickte. Und dann kam seine Verabredung auch schon.

Joanna staunte. Aus irgendeinem Grund hatte sie einen Mann im Anzug erwartet. Einen Bodyguard-Typ mit dunkler Sonnenbrille und Knopf im Ohr. Stattdessen kam – eine elegant gekleidete Frau! Etwa so alt wie die Projektleiterin Frau Krauth-Sauer. Und genauso gekleidet, nur teurer. Sie trug einen grauen halblangen Rock, einen grauen Blazer und schulterlange schwarze Haare. Nur die bunte Brille fehlte. Sie blieb vor dem Mann im Sessel stehen. Nachdem der begriffen hatte, dass sie sich nicht setzen wollte, erhob er sich und die beiden unterhielten sich im Stehen. Mit ernsten Mienen wechselten sie einige kurze Sätze.

Joanna zog hastig ihr Smartphone hervor, um heimlich ein paar Fotos zu machen. In dem Moment meldete sich der Zeitungsleser neben ihr wieder.

»Na, kommt er?«, fragte er, fast aufgeregter als die Kinder selbst.

»Pssst!«, machte Finn jetzt, damit Joanna ungestört fotografieren konnte.

---

*Concierge hieß in Frankreich ursprünglich der Hüter oder Pförtner einer Burg. Später war es auch ein Gefängniswärter. Heute ist der Concierge ein Hausmeister oder Hauswart eines Wohnhauses. In Luxushotels nennt man den Rezeptionisten auch Concierge.

94

Der Herr versuchte, von seinem Sessel aus um die Säule herumzuschauen, um den erwarteten Vater erspähen zu können. Doch es gelang ihm nicht. Er ließ sich enttäuscht, aber amüsiert in seinen Sessel zurückfallen.

»Ich habe früher auch gern Detektiv gespielt«, bekannte er flüsternd und ließ seinen Kopf wieder hinter seiner Zeitung verschwinden.

Hätte Finn nicht hundertprozentig gewusst, dass Emil aus Erich Kästners Detektivgeschichte nur eine Romanfigur war, hätte er jetzt vermutet, den Original-Emil als Opa vor sich zu haben.

Prompt ließ der die Zeitung wieder sinken, beugte sich leicht vor und flüsterte: »Ich bin ihm mal begegnet.«

Finn ging einen Schritt auf den alten Herrn zu, während Joanna noch fotografierte. »Wem?«

»Erich Kästner«, sagte der Mann. »Er hat seiner eigenen Bücherverbrennung* durch die Nazis zugeschaut. Ich war erst fünf Jahre alt. Aber das werde ich nie vergessen. Mein großer Bruder und ich hatten das Buch von ihm: Emil und die Detektive. Zu Hause haben wir es aus dem Regal genommen und versteckt, damit es niemand verbrennen konnte. Das Buch habe ich heute noch!«

»Wow!«, sagte Finn.

Jetzt verabschiedete sich die Frau im Kostüm von ihrem Gesprächspartner, ohne ihm die Hand zu geben, drehte sich um und ging zum Fahrstuhl. Der Mann ging entschlossenen Schrittes zum Ausgang.

---

* Die Bücherverbrennung in Deutschland am 10. Mai 1933 war eine Aktion der Nazis, bei der sie die Werke von ihnen gehasster Autoren ins Feuer warfen. Sie fand auf dem Opernplatz in Berlin und in 21 weiteren deutschen Universitätsstädten statt. Mit den öffentlichen Bücherverbrennungen begann kurz nach der Machtergreifung der Nationalsozialisten die systematische Verfolgung jüdischer und politisch unliebsamer Schriftsteller.

Joanna hatte ihre Fotos im Kasten. Sie überlegte einen Moment. Dann entschied sie: »Wir warten noch!«

Finn verabschiedete sich mit einem leichten Kopfnicken von dem alten Mann.

»Schütze deine Lieblingsbücher«, gab ihm der Mann mit auf den Weg. »Und bleibe immer ein Detektiv für die gute Sache!« Dann verschwand er wieder hinter seiner Zeitung.

»Äh, okay!«, sagte Finn. »Machen Sie's gut! Tschüss!«

»Okay, komm!«, gab Joanna das Kommando zum Aufbruch. Sie lief zum Fahrstuhl und blickte auf die Anzeigentafel. Der Aufzug blieb in der zweiten und vierten Etage stehen. In der vierten wartete er etwas länger. Dann erschien eine Drei. Der Fahrstuhl kehrte zurück, ohne zu halten. Als er sich vor ihnen öffnete, stieg ein jüngerer Mann aus und Joanna ein. Finn folgte ihr schnell. Und noch zwei weitere Personen. Eine der beiden musste in der zweiten Etage aussteigen.

Finn fragte seine Schwester stumm, ob sie hier rauswollten. Joanna schüttelte kaum merklich den Kopf. Der Fahrstuhl fuhr hinauf und hielt erst wieder in der vierten Etage, weil Joanna entsprechend gedrückt hatte. Sie tippte Finn kurz an und stieg mit ihm aus. Die verbliebene Person fuhr weiter hoch.

»Wieso hier?«, fragte Finn.

»So habe ich vorhin die Anzeige interpretiert«, erklärte Joanna. »In der zweiten hielt der Fahrstuhl nur kurz, also stieg niemand ein oder aus. Die Tür öffnete und schloss sich schnell wieder. Anders in der vierten. Ich glaube, die Frau ist hier ausgestiegen.«

Joanna sah sich zu beiden Seiten um. In welche Richtung sollten sie gehen? War die Frau nicht längst in ihrem Zimmer verschwunden? Die Türen und Wände in solch einem teuren Hotel waren sicher dick genug, dass man nicht lauschen konnte. Dennoch trieb Joanna irgendetwas an, hier oben zu bleiben und weiterzusuchen, wenngleich sie auch nicht so recht wusste, wonach. Sie entschied sich, den langen Gang nach links zu gehen. Er war leer. Joanna ging langsam über den reich verzierten Fliesenboden.

»Was wollen wir denn hier?«, drängelte Finn.

»Wenn du mich fragst, war die Frau von dem Besuch des Typen nicht gerade erfreut. Und wenn er persönlich hier vorbeikommt, dann hatte er wohl eine schlechte Nachricht für sie.«

»Mein Name ist Holmes – Joanna Holmes«, machte sich Finn mit tiefer Stimme über sie lustig. Und dann wieder im normalen Tonfall: »Meinst du nicht, dass du dich gerade ein wenig überschätzt?«

Joanna überging die Frage. »Wenn ich aber recht habe, Bruderherz, dann wird die feine Dame gleich etwas unternehmen: Entweder sie bekommt jeden Moment Besuch von jemandem oder sie wird zu jemandem hinfahren. Und dann gehen wir ihr nach.«

»Aha!«, sagte Finn. »Und warum benutzt sie nicht einfach ihr Telefon?«

Joanna setzte wieder ihren mitleidigen Blick auf, als ob Finn für alles auf dieser Welt zu blöd wäre. »Weil der Typ dort unten sie dann auch angerufen hätte!«, erklärte sie. »Die Frau will seine Nummer oder die von anderen Komplizen nicht in ihrem Anrufverzeichnis haben. Weder auf dem in ihrem Telefon noch im Speicher der Telefongesellschaft. Deshalb ruft sie keinen von denen an und darf von denen auch nicht angerufen werden.«

Finn pfiff anerkennend durch die Zähne. »Schlau, Schwester. Das muss ich dir lassen! Vielleicht hat sie auch Angst, abgehört zu werden. Papa hat mal erzählt, dass selbst das Handy der Bundeskanzlerin von den Geheimdiensten in den USA abgehört wurde.«

Joanna grinste. »Na, siehst du. Wenn Geheimdienste im Spiel sind, verstehst du plötzlich alles!« Sie konzentrierte sich wieder auf den leeren Flur. »Und deshalb vermute ich, dass hier gleich etwas passieren wird. Jemand wird kommen oder sie geht.«

»Aber dann sieht sie uns!«, wandte Finn ein.

Joanna wiegelte ab. »Wir sind Kinder. Da macht das nichts. Hast du doch unten bei dem älteren Mann gesehen!«

»Aber diese Frau weiß vermutlich, dass wir aus dem Kinderparlament sind«, wandte Finn ein. »Denn irgendwie scheint es ja um uns zu gehen. Denk an Sandra und ihren Vater.«

»Verdammt, du hast recht!«, stieß Joanna aus.

In dem Moment öffnete sich eine der Zimmertüren.

»Ach du Scheiße!«, fluchte Joanna. Hektisch sah sie sich um.

»Da«, flüsterte Finn.

Ein Schild wies auf das Treppenhaus hin, das auch als Notausgang diente. Um den zu erreichen, mussten sie allerdings an der geöffneten Zimmertür der Frau vorbei. Noch aber trat niemand heraus. Also hatten sie eine klitzekleine Chance, nicht entdeckt zu werden. Sie rannten, so schnell sie konnten, stürzten durch die Tür ins Treppenhaus, schlugen sie hinter sich zu und – atmeten durch.

Erst als sich ihr Atem ein wenig beruhigt hatte, horchte Joanna an der Tür. Nachdem sie nichts hören konnte, öffnete sie die Tür einen Spalt, schlug sie aber sofort wieder zu.

»Was ist?«, fragte Finn.

»Ich hatte recht. Sie ist es! Sie geht zum Fahrstuhl!«

Zumindest glaubte Joanna das.

Kaum hatte sie diese Vermutung ausgesprochen, öffnete sich die Tür ins Treppenhaus, hinter der die Kinder gerade standen. Instinktiv sprangen die beiden zur Seite, damit sie ihnen nicht vor den Kopf knallte. Trotzdem blieben sie hinter der offenen

Tür verborgen, während die Frau auf ihren hohen Absätzen schnellen Schrittes die Treppe hinuntertippelte.

Als sie außer Sichtweite war, gab Joanna ihrem Bruder ein Zeichen: Hinterher! Langsam schlichen sie die Treppe abwärts. Die Frau trat in der dritten Etage wieder durch die Tür in den Flur, allerdings nicht ohne sich vorher vergewissert zu haben, dass er leer war. Joanna war sofort klar: Die Frau wollte jemanden treffen und dabei nicht gesehen werden. Und ganz sicher handelte es sich hier nicht um eine geheime Liebesaffäre.

Vorsichtig öffnete Joanna die Tür zum Flur einen Spalt. Sie sah, wie die Frau vor einer Zimmertür stehen blieb und sich nochmals zu beiden Seiten umsah. Joanna musste schnell ihren Kopf zurückziehen. Als sie wieder einen Blick wagte, war die Frau verschwunden.

»Zimmer 355«, flüsterte Joanna triumphierend. »Dort ist sie hineingegangen.«

»Aber wer wohnt da?«, fragte Finn.

»Das weiß ich zwar nicht«, gab Joanna zu. »Aber ich weiß, wie wir es herausfinden.«

Im Flur nahmen sie den Fahrstuhl und fuhren hinunter zur Rezeption, wo sie einer der Rezeptionisten freundlich lächelnd empfing. »Na, was kann ich für euch tun?«

»Ich möchte meinen Onkel abholen. Zimmer 355. Könnten Sie ihm bitte sagen, dass ich hier bin? Tina!«

»Gern«, antwortete der Mann und nahm schon den Hörer vom Telefon. »Und?« Sein Blick ging zu Finn.

»Tina und Tom!«, sagte Joanna geistesgegenwärtig.

Der Rezeptionist wählte die Zimmernummer, wartete, sprach kurz mit jemandem und legte entschuldigend auf.

»Es tut mir leid«, sagte er. »Bist du dir sicher mit der Zimmernummer?« Gleichzeitig tippte er etwas in seinen Computer. »Ja, es stimmt, ich hab mich nicht verwählt. Im Zimmer 355 wohnt Herr Hartmann, den ich auch gerade am Telefon hatte. Er kennt euch nicht, sagt er.«

»Komisch!«, meinte Joanna verwundert. »Er hat doch eindeutig von Zimmer 355 gesprochen.«

»Wie heißt denn euer Onkel? Dann schau ich mal, welches Zimmer er hat«, bot der Rezeptionist freundlich an.

Finn schaute ihn dennoch misstrauisch an. Ob der Mann wohl fähig war, seinen Gästen eine Bombe unters Bett zu schmuggeln, so wie der stellvertretende Hoteldirektor im Jahre 1913?

»Unser Onkel heißt Möller«, schwindelte Joanna. »Heute ist doch Donnerstag?«

Der Mann hinter dem Tresen stutzte. »Heute ist Mittwoch!«

Joanna schlug sich theatralisch vor die Stirn. »Oje! Dann kommt er ja erst morgen!«

Der Mann lächelte erfreut, weil sich das Missverständnis aufgeklärt hatte. So kam er gar nicht auf den Gedanken, zu prüfen, ob am nächsten Tag ein Herr Möller für das Zimmer 355 gebucht war.

»Also dann bis morgen!«, verabschiedete sich Joanna und verzog sich mit Finn so schnell wie möglich.

Erst draußen vor der Tür stoppte sie. »Jetzt wissen wir wenigstens, mit wem die Frau sich getroffen hat: mit einem Herrn Hartmann!«

»Aha«, sagte Finn. »Und wer soll das sein?«

Joanna gab ihm einen Klaps auf den Hinterkopf. »Du hast auch ein Gedächtnis wie ein Nudelsieb, oder?«

Verstrickungen

»Hartmann? *Der* Hartmann?«, fragte Brenda, nachdem Joanna alles erzählt hatte.

Die vier saßen wieder im Bundestagsplenum nebeneinander. Am Rednerpult ging die Debatte weiter, die immer langweiliger wurde. Niemand traute sich mehr, für den Spielplatz einzutreten. Ein Teil der Kinder war schon gegangen, vermutlich, weil sie lieber das schöne Wetter genießen wollten, statt sich öde Reden anzuhören.

Finn verstand plötzlich, wieso der Plenarsaal bei den Debatten der Politiker oft gähnend leer war. Jedenfalls hatte er das im Fernsehen gesehen.

Im Moment sprach ein zartes Mädchen, das so leise in die Mikrofone hauchte, dass man es kaum hörte. Deshalb mussten die vier besonders leise sprechen, um nicht wieder einen Rüffel von der Versammlungsleitung zu bekommen.

»Wer ist denn dieser Hartmann?«, fragte Finn.

Leo musste nur kurz überlegen.

»Hieß nicht dieser Typ so, der auf dem Zeitungsfoto mit Sandras

Vater zusammenstand? Bei der Einweihung von diesem Einkaufszentrum in Leipzig?«

»Genau!«, bestätigte Joanna. »Er ist der Geschäftsführer der Easyshopping GmbH. Dieser Firma, die Einkaufszentren baut.«

»Bauen lässt«, korrigierte Brenda. »Es ist nicht die Baufirma, sondern der Besitzer großer Einkaufszentren.«

»Ach der!«, sagte Finn maulig. Das Bild in der Zeitung hatte er auch gesehen, sich aber nicht den Namen gemerkt. »Was hat der mit dieser seltsamen Frau und unserem Täter in Hip-Hop-Klamotten zu tun? Will der das Gamehouse bauen lassen?«

»Soweit ich weiß, nicht«, antwortete Brenda. »Das müssen wir noch mal nachschauen.«

»Ich hab ein Foto von der Frau gemacht«, erzählte Joanna. »Wäre gut, wenn wir herausbekommen würden, wer sie ist und woher sie kommt. Vielleicht kennt Sandra sie ja durch ihren Vater. Wo steckt Sandra eigentlich?«

Brenda blickte sich um. »Gute Frage. Vorhin ist sie rausgegangen. Aber noch nicht zurückgekommen.«

»Raus? Wohin?«, wollte Joanna wissen.

»Na, auf die Toilette, denke ich«, rechtfertigte sich Brenda.

»Wann genau?«

»Vor einer halben Stunde ungefähr«, schätzte Brenda.

Leo verließ sich nicht auf eine Schätzung. Er schaute auf seine Uhr.

»Vor genau 52 Minuten!«

»Echt?« Brenda wunderte sich, wie sehr sie sich verschätzt hatte.

»Vor 52 Minuten!«, brauste Joanna auf, zog dann aber sofort den Kopf ein, weil sie nicht schon wieder unangenehm auffallen wollte. »Da stimmt doch etwas nicht. So lange bleibt doch kein Mensch auf dem Klo! Wir müssen nachsehen.«

Die vier verließen den Saal. Joanna sah sich in den Toiletten um, die dem Plenarsaal am nächsten lagen. Vergeblich.

Gerade wollte sie den Toilettenraum wieder verlassen, als sie ein leises Klopfen hörte. Joanna blieb stehen und horchte. Wieder klopfte es.

Joanna ging zurück zu den Kabinen. Nur eine Kabine war besetzt. Erneutes Klopfen.

Joanna wollte näher heran, kam sich aber komisch vor, an einer verschlossenen Toilettentür zu lauschen. Was, wenn sie sich in dem Moment öffnete und eine Politikerin herausspazierte? Die Kanzlerin persönlich vielleicht? Joanna nahm zwar an, dass die Kanzlerin und die Minister in ihren Büros eigene Toiletten hatten. Aber wenn diese zu weit weg lagen?

Es klopfte ein wenig heftiger. Joanna trat doch einen Schritt an die Kabine heran.

»Sandra?«, fragte sie vorsichtig.

»Ja!«, kam es aus der Kabine heraus.

»Was tust du dort drinnen?«, fragte Joanna.

»Was wohl?« Sandras Stimme klang wütend und verzweifelt. »Ich bin eingeschlossen!«

Wie konnte man denn in einer Toilettenkabine von außen eingeschlossen werden? Klotüren ließen sich nur von innen öffnen und schließen. Und das war auch gut so.

»Das weiß ich doch nicht!«, schimpfte Sandra. »Meinst du etwa, ich verbringe freiwillig den halben Tag auf dem Klo? Hol mich hier raus!«

Joanna betrachtete das Schloss. Sie entdeckte einen kleinen dreieckigen Metallstift, der etwa einen Zentimeter aus dem Schloss herausragte. Es ließ sich also nur mit einem Spezialschlüssel öffnen.

»Ruf den Hausmeister!«, drängte Sandra.

»Hausmeister?« Joanna fragte sich, wie sie in dem riesigen Gebäudekomplex einen Hausmeister finden sollte. Dann fiel ihr ein: »Wieso hast du eigentlich nicht mit deinem Handy Hilfe gerufen?«

»Weil mein Handy in meiner Tasche ist. Und die liegt auf meinem Platz!«, antwortete Sandra. »Hast du sie dabei?«

Joanna hatte auf Sandras Platz keine Tasche liegen sehen. Aber darum konnten sie sich später kümmern. Erst einmal musste sie Sandra befreien.

»Warte hier!«, sagte sie. »Ich laufe zur Pförtnerloge und gebe dort Bescheid!«

Sandras Geduld war am Ende. »Aber beeil dich! Ich sitze hier schon fast eine Stunde. Irgendwie geht hier niemand aufs Klo!«

Joanna rannte hinaus auf den Flur, wo Finn, Leo und Brenda auf sie warteten. Sie erzählte ihnen von Sandras Tasche. Während Brenda und Leo zum Plenarsaal zurückgingen, um sie zu suchen, begleitete Finn seine Schwester zur Pförtnerloge. Keiner von ihnen dachte daran, jemanden als Posten vor der Toilette stehen zu lassen. Was sich schnell rächte. Denn als Joanna und Finn etwa eine Viertelstunde später vom Pförtner zurückkehrten, stand Sandra verwirrt auf dem Flur.

»Was machst du denn hier?«, fragte Joanna.

Sandra starrte sie nur an.

Joanna packte Sandra an den Armen und schüttelte sie sanft. »Hey, Sandra. Hörst du mich? Was ist passiert?«

Sandra begann zu weinen. Nur mühsam gelang es ihr, zusammenzustammeln, was geschehen war. »Die Typen ...«, erzählte sie leise. Dann wurde sie wieder von einem Weinkrampf geschüttelt.

Joanna konnte sich aber schon selbst denken, was passiert war. Der Typ, der Sandra eingeschlossen hatte, war zurückgekehrt, um sie wieder freizulassen! Das konnten nur dieselben Männer gewesen sein, die schon Sandras Hotelzimmer verwüstet hatten. Der Einschluss in die Toilettenkabine war eine erneute Warnung, die nichts anderes bedeutete als: *Wir haben dich im Auge! Wir können jederzeit an jedem Ort zuschlagen, wenn wir wollen. Sogar auf dem Klo im Bundestag!*

»Sie waren wieder da! Die Arschlöcher aus dem Hotel!«, fasste Joanna zusammen.

Sandra nickte heulend.

Joanna nahm sie in den Arm und drückte sie an sich, als Brenda und Leo zurückkamen. Ohne Tasche. »Da war keine!«

Joanna presste die Lippen zusammen. »Mist. Jetzt haben sie auch noch den Chat zwischen uns und Sandra. Und Sandras sämtliche Kontakte.«

Joanna berichtete den beiden, was passiert war. »Jetzt wird es richtig ernst, Leute. Da fühlen sich einige auf den Schlips getreten. Sie haben uns im Visier. Wer weiß, wozu die noch fähig sind, wenn wir nicht für das Gamehouse stimmen und auch noch den Bestechungsskandal aufdecken!«

»Na, dann stimmen wir eben für das Gamehouse«, schlug Finn vor. »Und halten schön den Mund.«

Joanna sah ihn böse an. »Du tickst wohl nicht mehr ganz richtig? Jetzt geht es erst richtig los. Wir müssen sofort herausbekommen, wer diese Frau ist!«

Joanna zeigte Sandra das Foto von der Frau auf ihrem Smartphone: »Kennst du die?«

Sandra wischte sich die Tränen aus den Augen und betrachtete schniefend das Bild. Brenda reichte ihr ein Taschentuch.

»Ich hab die schon mal gesehen«, antwortete Sandra, nahm das Taschentuch und schnäuzte sich.

»Echt?«, fragte Joanna elektrisiert. »Wo? Wer ist das?«

Sandra zuckte mit den Schultern. »Die arbeitet für den Besitzer der Einkaufszentren: Hartmann.«

»Bist du sicher?«, hakte Joanna nach. Sie hatte selbst gemeinsam mit Finn beobachtet, wie die Frau heimlich übers Treppenhaus zu Hartmann *geschlichen* war. Wozu diese Geheimnistuerei, wenn sie offiziell für ihn arbeitete?

Darauf wusste Sandra keine Antwort. »Ich weiß auch nicht genau, ob sie bei ihm angestellt ist. Ich weiß nur, damals bei der Einweihung dieses Einkaufszentrums …«

»Du meinst, wovon wir das Bild in der Zeitung gesehen haben? Wo du mit drauf bist?«, hakte Joanna ein.

Sandra nickte. »Ja, genau. Also da war auch diese Frau gewesen. Die hieß …«

Sandra musste ein wenig nachdenken, doch dann fiel es ihr ein. »Bach. Genau. Frau Bach! Also, mir war es so vorgekommen, als würde die für Herrn Hartmann arbeiten.«

Leo tippte eifrig auf seinem Smartphone herum. »Hast du auch einen Vornamen?«

Den wusste Sandra nicht. So gab Leo einfach ein paar Suchworte gleichzeitig ein: Bach, Hartmann, Einkaufszentrum. Aber fündig wurde er nicht.

»Blöder Name!«, meckerte Leo. Denn es erschienen nur etliche klassische Konzerte mit Musik von Johann Sebastian Bach, die in Einkaufszentren gegeben wurden. Bis hin zu irgendwelchen Hobbyanglern, die zufällig Hartmann hießen und in irgendeinem Bach irgendwelche blöden Fische geangelt hatten.

Leo wollte schon aufgeben, ließ aber dann das Stichwort »Einkaufszentrum« weg und gab stattdessen den Namen der Zeitung ein, in dem das Bild mit Sandra, ihrem Vater und Herrn Hartmann abgebildet war. Leo scrollte durch einige Ergebnisse, klickte zwei, drei an und rief plötzlich: »Seht mal hier! Frau Bach ist

Geschäftsführerin bei einem großen Zeitungsverlag, der bundesweit mehrere große Tageszeitungen herausgibt.«

»Sieh mal einer an!«, sagte Joanna. »Gehören dazu auch Zeitungen in Berlin?«

»Ja!«, bestätigte Leo.

»Guck doch mal, was diese Zeitungen zu unserem Spielplatz und dem Gamehouse schreiben«, schlug Joanna vor.

Finn stand auf dem Schlauch. Warum war es so brisant, dass Frau Bach mit Medien zu tun hatte?

»Wenn Sandras Vater als Politiker, Hartmann als Besitzer von Einkaufszentren und Frau Bach von der Zeitung unter einer Decke stecken, dann ist doch völlig klar, welche Macht die haben«, erklärte Brenda.

»Stimmt«, meinte Leo. »Hartmann will das Gamehouse bauen. Ein Spielplatz stört da nur. Frau Bach sorgt für die entsprechende positive Stimmung in den Zeitungen. Und der Politiker greift die ›Stimmung im Volk‹ auf, um das Gamehouse politisch durchzusetzen. So bekommt Hartmann seinen Willen. Und die anderen beiden bestimmt noch nettere Geschenke als die Kinderparlamentarier. So funktioniert Politik!«

»Ganz genau!«, stimmte Joanna ihm zu.

»Verstehe ich nicht«, sagte Finn.

Joanna verdrehte die Augen. »Was gibt es daran nicht zu verstehen?«

»Hartmann ist doch für das Gamehouse gar nicht zuständig. Es kann ihm also völlig schnuppe sein! Das hatten wir doch schon herausbekommen.«

Joanna starrte ihn an. »Verdammt, du hast recht.«

Inzwischen hatte Leo ein paar Artikel gefunden. »Also, die Berichte in den Zeitungen würden zu der Theorie aber passen. Seht her: Dieser Artikel macht ordentlich Stimmung für das

Gamehouse. Einmal schreibt Frau Bach sogar höchstpersönlich einen Kommentar, in dem sie sagt, wie toll ein Gamehouse für Berlin wäre.«

»Seltsam«, grübelte Brenda. »Was hat sie davon?«

»Dieser Artikel ist aber zwei Jahre alt«, ergänzte Leo. »Offenbar geht der Streit ums Gamehouse schon eine geraume Zeit!«

Das konnte Sandra bestätigen. »Ja, das weiß ich von meinem Vater. Ursprünglich sollte der Berliner Senat darüber entscheiden. Dann kam irgendjemand auf die Idee, dass die Kinder darüber entscheiden sollten. So haben wir das Thema jetzt im Kinderparlament.«

»Allmählich dämmert mir einiges«, sagte Joanna. »Deshalb sind sie hinter uns her. Erst sollte die echte Politik entscheiden. Hartmann und Bach tun alles dafür, dass für ein Gamehouse und gegen einen Spielplatz entschieden wird ...«

»Aber wieso?«, wandte Finn wieder ein.

Diesmal winkte Joanna ab.

»Lassen wir das mal außen vor. Sagen wir nur: Hartmann will das Gamehouse, okay? Also: Die beiden tun alles für das Gamehouse. Dann sollen wir darüber abstimmen. Also schwenken die beiden um, überlegen, wie sie uns überzeugen können, ohne dass es allzu offensichtlich ist. Sie machen den Kindern Geschenke. Und: Sie bekommen heraus, dass du, Sandra, die Tochter eines Staatssekretärs, mit im Parlament sitzt. Also versuchen sie, über dich deinen Vater zu erpressen, Einfluss auf die Kinder zu nehmen und die Geschenke zu verteilen. Sie selbst bleiben schön im Hintergrund, behalten die Fäden aber in der Hand.«

»Starke Theorie!«, lobte Leo. »Und um den Druck zu erhöhen, heuern sie ein paar jugendliche Schläger an, die Sandras Vater und Sandra selbst einschüchtern.«

»Und sie haben Erfolg. Sandra schwenkt um, das ganze Kinderparlament schwenkt um. Nur noch wenige sind für einen Spielplatz. Nur wir sind ihnen noch im Weg.«

»Also wird Sandra ein zweites Mal gewarnt. Sie schließen sie in die Toilette ein.«

»Perfekt!«, sagte Brenda. »Genauso wird es gewesen sein! Wir haben die Lösung!«

»Bis auf eines!«, meldete sich Finn wieder zu Wort. »Hartmann wird das Gamehouse gar nicht bauen. Er kann deshalb gar kein Interesse daran haben.«

»Irgendetwas müssen wir übersehen haben«, glaubte Brenda. »Bloß was?«

»Dazu gibt es nur eine Lösung«, sagte Joanna. »Wir müssen uns bei Hartmann etwas genauer umsehen!«

Gefährlicher Plan

»Das können wir nicht machen!«, protestierte Finn.
»Es gibt keine andere Möglichkeit«, widersprach Joanna.
»Aber das ist illegal!«, wandte Finn noch mal ein.
Damit hatte er zwar recht. Doch Joanna war bereit, sich darüber hinwegzusetzen. Also machten sie es einfach wie die Gangster in amerikanischen Spielfilmen, die eine Bank überfallen wollen: Sie setzten sich kreisförmig auf den Fußboden im Hotelzimmer, das Joanna und Sandra sich teilten. In der Mitte stand ein Laptop, auf dessen Monitor ein Foto der Hauptgeschäftsstelle von Hartmanns Unternehmen zu sehen war. Daneben skizzierte Joanna auf einem Bogen Papier mit Bleistift die Straßen, die die Geschäftsstelle umrahmten.
»Im Prinzip muss es laufen wie im Hotel Adlon«, erklärte Joanna. »Wir müssen als brave Kinder an den Pförtnern vorbei, um unbemerkt in die oberste Etage zu gelangen.«
»Wieso in die oberste?«, fragte Finn.
»Die Chefs sitzen immer ganz oben, hat Papa mal gesagt. Damit symbolisieren sie ihre Macht!«

Ihr Vater war Kunstmaler und kannte sich mit Herrscher-Symbolen aus. Schon auf uralten Gemälden konnte man solche Symbole erkennen und nachweisen.

»Also ganz nach oben. Das dürfte kein Problem sein. Ein Problem haben wir erst, wenn wir oben sind: Wir müssen Hartmanns Büro durchsuchen. Denn wenn geheime Pläne existieren, die erklären, warum sie uns unter Druck setzen, dann liegen sie dort.«

»Der hat doch bestimmt eine Vorzimmerdame«, meinte Leo. »Wie kommen wir an der vorbei?«

»Und wenn Hartmann sich im Büro aufhält, wie sollen wir es untersuchen?«, fragte Brenda.

Finn sah noch ein Problem: »Was ist, wenn Hartmann seinen Schreibtisch abgeschlossen hat?«

»Eins nach dem anderen«, sagte Joanna. »Das Zauberwort heißt: Ablenkung! Sandra übernimmt die Vorzimmerdame.«

»Ich?«, quiekte Sandra auf. »Wie soll ich das denn machen?«

»Du bist die Tochter eines Staatssekretärs!«, erinnerte Joanna sie. »Da wird dir doch wohl etwas einfallen. Sag, dass du deinen Vater suchst und der dir erzählt hat, dass er bei Hartmann einen Termin hätte. Und dann lock sie weg von ihrem Schreibtisch. Täusche vor, dass dir schlecht wird oder so.«

»Puh!«, stöhnte Sandra. »Ich weiß nicht, ob ich so etwas kann. Das hab ich noch nie gemacht.«

»Wir alle haben noch nie illegal das Büro eines Geschäftsführers durchsucht!«, stellte Joanna klar. »Ich hab noch nicht einmal das Büro unseres Schuldirektors von innen gesehen. Wir machen das alle zum ersten Mal.«

»Eben!«, sagte Sandra. »Was ist, wenn's nicht klappt?«

»Dann schimpfen uns unsere Eltern aus. Mehr nicht. Was sollen sie machen? Wir sind Kinder!«, erklärte Joanna mit einem schelmischen Grinsen.

Auch Finn musste lächeln. Seine Schwester fand immer einen Weg, um ihren Willen durchzusetzen.

»Und dein Vater hat in dieser Sache selbst genug Dreck am Stecken, Sandra«, pflichtete Brenda Joanna bei. »Immerhin hat er die Korruption organisiert.«

Sandra verstummte. Die anderen hatten recht. Aber wohl war ihr bei der ganzen Sache nicht.

»Gut«, kam Leo wieder aufs Thema zurück. »Angenommen, es klappt, Hartmanns Vorzimmerdame wegzulocken. Und dann? Was machen wir mit Hartmann? Wir können ihn schlecht betäuben!« So machte man es in Hollywood-Thrillern, in der Wirklichkeit ging so etwas nicht.

»Betäuben!«, wiederholte Joanna entsetzt. »Natürlich nicht! Nein, Hartmann locken wir auch weg. Mit einem Termin!«

Sie machte eine Pause, weil sie wusste, dass ihr nächster Vorschlag den anderen die Sprache verschlagen würde. Dann sagte sie: »Egmont wird sich mit ihm treffen!«

Leo hatte gerade eine Flasche Wasser angesetzt. Er spuckte seinen ersten Schluck im hohen Bogen über den Hotelboden. »WAS?«, fragte er und verschluckte sich.

Joanna wartete seinen Hustenanfall ab und erklärte: »Unser kleiner Karriere-Kasper steht immer noch außen vor. Niemand hört ihm richtig zu im Parlament. Ich denke, wenn wir ihm eine Aufgabe geben, die ihn wichtig erscheinen lässt, wird er sich darauf stürzen.«

»Was denn für eine Aufgabe?« Auch Finn konnte sich eine Mitarbeit von Egmont nicht vorstellen.

»Zu Beginn haben Hartmann und seine Leute doch versucht, über Sandra Einfluss auf das Kinderparlament zu nehmen. Deshalb hat sie doch so abrupt ihre Meinung geändert«, fasste Joanna noch mal zusammen.

Sandra schaute verschämt zu Boden und schnappte sich schnell die Wasserflasche von Leo, weil sie vor lauter Verlegenheit nicht wusste, was sie mit ihren Händen machen sollte.

»Dann folgten die Geschenke. Und die Erkenntnis, dass Sandra nicht mehr mitspielte. Sie ist wieder bei uns«, fuhr Joanna fort.

Sandra setzte die Wasserflasche ab. Sie waren bei der Stelle angekommen, ab der sie ihr Verhalten wieder vertreten konnte.

»Nun haben sie zwar die Mehrheit auf ihrer Seite, aber keinen im Parlament, auf den sie wirklich bauen können«, erklärte Joanna weiter.

Brenda schnippte mit den Fingern. »Genial. Und jetzt soll Egmont die Lücke füllen!«

Joanna nickte. »Jedenfalls sollen Egmont und Hartmann das jeweils voneinander denken!«

»Nicht schlecht!«, lobte Leo. »Nur: Wie bekommen wir Egmont dazu?«

»Das übernehme ich!«, bot Brenda sich an. Sie rieb sich schon die Hände. Egmont war ihr wie den anderen auch ohnehin ein Dorn im Auge. Sie mochte es nicht, wenn Kinder sich schon so benahmen wie Erwachsene: aalglatt, ohne Mitgefühl, stets nur auf den eigenen Vorteil bedacht.

Finn aber hatte Mitleid mit ihm. »Irgendwie ist das doch gemein!«

»Niemand zwingt ihn«, stellte Leo klar. »Wenn er ablehnt, können wir auch nicht gemein zu ihm sein. Wenn er den Job aber macht, hat er nichts Besseres verdient.«

»Stimmt auch wieder!«, pflichtete Finn ihm bei.

»Also!« Joanna klatschte in die Hände. »Wir haben viel zu tun, Leute. Brenda spricht mit Egmont. Am besten jetzt gleich. Sandra bereitet sich vor, die Vorzimmerdame auszuschalten. Und wir …«

Finn und Leo wurden hellhörig.

»… bereiten uns auf einen Einbruch in Hartmanns Büro vor. Wir brauchen Handschuhe, damit wir keine Fingerabdrücke hinterlassen. Dazu Taschenlampen und aufgeladene Smartphones, um eventuelle Dokumente abfotografieren zu können. Was noch?«

»Walkie-Talkies vielleicht«, schlug Finn vor. »Wenn wir fotografieren, können wir nicht gleichzeitig telefonieren.«

»Okay«, räumte Joanna ein. »Hat jemand so etwas?«

Leo meldete sich. »Bringe ich mit. Wann geht's los?«

»Gleich morgen früh um neun Uhr«, schlug Joanna vor. »Dann können wir die Sache vielleicht noch morgen Nachmittag im Parlament aufdecken. Immerhin ist übermorgen schon die Abstimmung. Die Zeit wird knapp.«

»Wie bekommen wir den Schreibtisch auf, wenn er abgeschlossen ist?«, fragte Finn.

Die anderen überlegten.

»Brecheisen«, schlug Leo vor.

Joanna winkte ab. »Den Schreibtisch zerstören?«

Leo zuckte mit den Schultern. »Wenn es nicht anders geht.«

Doch Joanna wollte sich nicht darauf einlassen. »Und wenn wir gar nichts in seinem Schreibtisch finden? Dann hinterlassen wir Einbruchsspuren für nichts und wieder nichts.«

»Leo hat recht«, mischte sich jetzt Sandra ein. »Darauf müssen wir es ankommen lassen. Auf jeden Fall sollten wir ein Brecheisen mitnehmen.«

Finn stöhnte auf. Jetzt wurde es ernst. Bisher war alles nur ein nettes Planspiel gewesen. Aber nun bereiteten sie ganz konkret einen Einbruch in das Büro eines Managers vor. Wenn das mal gut ging!

Einbruch!

Es war gar nicht so einfach, alle Dinge, die sie mitnehmen wollten, zu besorgen. Doch nachdem Leo neben dem Walkie-Talkie auch ein Brecheisen zu Hause im Keller gefunden hatte, hatten sie alles zusammen.

Direkt nach dem Frühstück versammelten sie sich wieder im Zimmer von Joanna und Sandra, um ihre gefährliche Mission zu starten.

»Bisschen auffällig, oder?«, fragte Leo. Er schielte auf das Brecheisen, das ein ganzes Stück aus seinem Rucksack herausragte.

»Egal«, sagte Joanna. Sie setzte weiter darauf, dass niemand in einem Unternehmen einer Gruppe von Kindern etwas Böses zutraute.

»Und wenn die eine Security haben?«, fragte Leo.

Doch Joanna winkte ab. »Wird schon.«

Mehr Sorgen bereitete ihr Egmont. Brenda hatte sich noch am Abend zuvor um ihn gekümmert und grünes Licht gegeben: Egmont machte mit. Trotzdem fragte Joanna jetzt noch einmal nach: »Können wir uns wirklich auf ihn verlassen?«

Brenda zog die Schultern hoch. »Das hoffe ich doch. Zumindest hat er zugesagt. Du hattest ihn genau richtig eingeschätzt. Er ist immer noch sauer, dass niemand seinen Vorschlag für ein dauerhaftes Kinderparlament diskutiert. Zur eigentlichen Frage ›Spielplatz oder Gamehouse‹ hat er gar keine Meinung. Er will nur Parlamentarier sein. Und zwar ständig. Als ich ihm erzählte, dass eine wichtige Aufgabe auf ihn warte und Hartmann, der Chef der Einkaufszentren, genauso ein Kinderparlament einrichten will, war er Feuer und Flamme!«

Finn kam gerade vom Klo und bekam nur den letzten Satz mit.

»Was will Hartmann?«, fragte er verwundert. »Ein dauerhaftes Kinderparlament?«

»Nein! Natürlich nicht!«, sagte Brenda und lachte. »Aber Egmont glaubt es.«

»Und Hartmann?«, fragte Finn nach. »Glaubt der das auch? Oder wieso sollte er sich mit einem wie Egmont treffen?«

»Sandra hat Hartmann eine Mail geschickt. Mit dem Absender ihres Vaters«, erklärte Joanna. »Hartmann denkt, er trifft sich mit Sandras Vater und wird auf Egmont stoßen, der ihm die Ohren volllabert wegen des Kinderparlaments.«

Finn rollte mit den Augen. »Leute, das gibt krassen Ärger. Für uns alle. Das wisst ihr, oder?« Je näher ihre Aktion rückte, desto unwohler wurde ihm. Nach seinem Gefühl lief ihre Aktion auf ein ungeheures Desaster hinaus. »Lasst uns anfangen, bevor ich es mir doch noch anders überlege«, sagte er.

»Alter Miesepeter!«, muffelte Joanna ihn an. »Aber in einem hast du recht. Lasst uns losgehen.« Sie schaute auf ihre Armbanduhr. »Hartmann und Egmont treffen sich in einer Dreiviertelstunde. Bis dahin sollten wir bei der Easyshopping GmbH angekommen sein.«

»Wo sitzen die noch mal?«, fragte Brenda.

»Leipziger Platz, in der Mall of Berlin. Das ist das zweitgrößte Einkaufscenter Deutschlands und soll sogar zum größten ausgebaut werden«, referierte Leo.

»Na, das passt ja. Gehört das Ding auch der Easyshopping?«, wollte Brenda wissen.

»Nicht allein jedenfalls«, glaubte Leo zu wissen. »Aber irgendwie sind sie dran beteiligt!«

»Okay, los geht's«, rief Joanna. »Der Leipziger Platz ist ja nicht weit.«

»Leider«, nörgelte Finn. »Ich hatte gehofft, wir würden mal etwas von Berlin sehen. Jetzt liegt das wieder um die Ecke.«

Seine Schwester klopfte ihm versöhnlich auf die Schulter. »Na, fast eine halbe Stunde brauchen wir schon zu Fuß. Aber keine Angst, wir werden uns Berlin noch angucken. Wenn wir hier alles geregelt haben!«

Finn verzog die Mundwinkel, sagte aber nichts. Er verkniff sich auch die Bemerkung, dass sie nach der Aktion vielleicht gar nicht mehr in Berlin sein, sondern eher mit Stubenarrest zu Hause hocken würden.

Brenda kam nicht mit, denn sie sollte den Treffpunkt von Egmont und Hartmann überwachen. Sie hatten die beiden in ein Café in der Nähe vom Savignyplatz manövriert. Der Ort war gut gewählt: Erstens wohnte Sandras Vater in der Nähe, sodass der Treffpunkt glaubwürdig war. Und zweitens lag er vom Leipziger Platz weit genug entfernt, im Stadtteil Charlottenburg im Westen der Stadt. Das hieß laut Navigation zwanzig Minuten Hinfahrt, Parkplatz suchen, Lage peilen, sich von Egmont überraschen und volllabern lassen, sich von Egmont lösen, zwanzig Minuten Rückfahrt. Joanna schätzte, alles in allem würde Hartmann eine Stunde unterwegs sein. Das sollte reichen für ihre Aktion.

117

Joanna, Finn, Leo und Sandra standen eine gute halbe Stunde später vor dem gigantisch großen Einkaufszentrum. Es war erst vor einem Jahr eröffnet worden, aber es sah eigentlich nicht anders aus als die vielen Einkaufszentren, die die Kinder schon gesehen hatten. Sich weiter umzuschauen lohnte deshalb nicht. Sie suchten gleich gezielt nach dem Büro der Easyshopping GmbH. Es dauerte eine Weile, ehe sie herausbekamen, dass das Büro gar nicht im neuen Einkaufszentrum lag, sondern wie angeklebt genau daneben.

Die vier öffneten die schwergängige Eingangstür. Im Foyer des Bürohauses atmete Sandra tief durch. Zum Glück gab es hier unten keinen Pförtner, sondern nur die Fahrstühle. Oben aber würde sie sicher auf einen Empfang treffen. Die Easyshopping GmbH befand sich tatsächlich im obersten Stockwerk.

Aber nicht nur Hartmanns Büro, sondern gleich die gesamte Firma.

»Mist!«, ärgerte sich Joanna. Das konnte bedeuten, dass dort neben der Empfangsdame noch eine ganze Reihe weiterer Leute durch die Flure liefen.

»Und wenn er sein Büro noch mal extra abgeschlossen hat, wenn er fort ist?«, fragte Finn.

»Mann!«, schimpfte Joanna. »Jetzt lass mal deine Schwarzmalerei! Los, Sandra. Fahr hoch. Sobald die Luft rein ist, schick 'ne SMS. Wir warten so lange hier unten.«

»Ich hab kein Handy«, antwortete Sandra. »Das haben die Typen mir doch geklaut.«

Schweren Herzens überließ Finn ihr seines.

»Okay!« Sandra sammelte ihren ganzen Mut zusammen, rief den Fahrstuhl und fuhr in den vierten Stock hinauf.

Joanna sah nervös auf die Uhr. »Hartmann müsste schon aus seinem Büro raus sein.«

In dem Haus gab es zwei Fahrstühle. Mit dem rechten war Sandra soeben hinaufgefahren, der linke kam gerade herunter. Joanna, Finn und Leo standen vor den beiden geschlossenen Türen und warteten auf die SMS von Sandra. Und auf die von Brenda, die sich melden sollte, wenn sie Hartmann am Treffpunkt mit Egmont sah.

An der Anzeige war zu erkennen, auf welcher Höhe sich der linke Fahrstuhl befand: zweite Etage, erste Etage …

Als die Eins auf der Anzeige erlosch, brüllte Leo plötzlich los!

»Weg hier!«

»Was? Wieso?«, fragte Joanna verdattert.

»Frag nicht! Weg!«, schrie Leo, zupfte Joanna und Finn kurz an den Ärmeln und stürzte zur Tür hinaus.

Obwohl die beiden keinen Schimmer hatten, was plötzlich in Leo gefahren war, folgten sie ihm und rannten aus dem Haus heraus. Sie bogen um die Ecke und liefen bis zum Eingang des Einkaufszentrums, von wo aus sie den Ausgang des Bürogebäudes noch immer im Blick hatten.

»Was ist denn mit dir los?«, fragte Joanna und musste erst einmal durchatmen.

»Der Fahrstuhl kam von oben«, erklärte Leo. »Von ganz oben. Dort, wo Easyshopping sitzt.«

»Ja, und?«

»Was, wenn Hartmann im Fahrstuhl war und gerade das Haus verlassen will? Wir wären ihm direkt in die Arme gelaufen!«

»Na hör mal. Das kann doch gar nicht …«, wollte Joanna widersprechen.

Da zeigte Leo zum Ausgang. »Da!«

Finn und Joanna drehten sich um. Prompt kam Hartmann aus der Haustür.

»Das gibt's nicht!«, hauchte Finn nur.

»Schwein gehabt«, sagte Joanna. »Woher hast du das gewusst, Leo?«

»Instinkt«, antwortete Leo und grinste.

»Gut. Dann haben wir freie Bahn, sobald Sandra meldet, dass die Vorzimmerdame weg ist!«

Im selben Moment bekam Joanna die ersehnte Nachricht. Sandra simste aus der Toilettenkabine heraus, dass die Vorzimmerdame gerade im Toilettenraum wartete, weil Sandra angeblich schlecht geworden war.

»Los, nix wie hoch. Wir haben nur wenig Zeit!«, rief Joanna.

Sie raste gemeinsam mit Finn zum Eingang. Zum Glück stand der Fahrstuhl noch unten. Die beiden stürzten hinein und fuhren hinauf. Leo blieb unten und stand Schmiere. Er hielt sein Walkie-Talkie bereit, mit dem er Finn, der das zweite Gerät bei sich trug, jederzeit warnen konnte.

Oben angekommen, fand Joanna den Empfang so vor, wie sie gehofft hatte: leer. »Schnell!«, flüsterte sie ihrem Bruder zu. Die Glastür ließ sich mühelos öffnen. Und so liefen sie am leeren Empfangstresen vorbei, durch den Flur, von dem mehrere Türen abgingen, aber die zum Glück beschildert waren. Tom Müller, Kati Herzlein, Frauke Kranz, Elli Burkhardt ... Verdammt, wo war Hartmanns Büro? Jederzeit konnte aus einer der Türen jemand herauskommen und sie entdecken.

Der Flur endete in einer T-Kreuzung. Rechtsherum führte der Weg zu einer Teeküche und zu einem Sitzungsraum. Das war zum Glück ausgeschildert. Also linksherum. Wieder mehrere Türen, doch bei der dritten wurden sie fündig: Hartmut Hartmann.

›Was für ein harter Name!‹, dachte Joanna. Sie sah sich um, betätigte die Klinke und ... »Bingo!«

Die Tür war nicht verschlossen. Joanna öffnete sie einen Spalt und linste hinein. Dann gab sie ihrem Bruder ein Zeichen und sie huschten in den Raum. Hinter sich schlossen sie die Tür wieder leise.

»Was ist das denn für ein Büro?«, fragte Joanna erstaunt.

Es wirkte wie ein Arbeitszimmer aus einem Möbelkatalog. Nur wenige Arbeits-Accessoires waren wie zur Dekoration aufgebaut. Das anthrazitfarbene Metallregal war fast leer bis auf eine Vase, einen Bilderrahmen, zwei Bücher und eine Musikanlage. Ansonsten gab es eine Sitzgruppe mit weißen Ledersesseln und einen metallenen Schreibtisch mit einer riesigen Glasplatte, auf dem ein MacBook stand. An der Seitenwand gegenüber dem Regal hing ein riesiger Flachbildschirm. Rechts hinter dem Schreibtisch stand eine Schaufensterpuppe, die das Trikot einer US-amerikanischen Football-Mannschaft trug. An der Decke drehte sich langsam ein Ventilator wie im Café einer Südseeinsel. Das war's.

»Es sieht nicht so aus, als würde Hartmann hier arbeiten«, stellte Joanna erstaunt fest. »Es liegen überhaupt keine Arbeitsunterlagen herum!«

»Vermutlich alles im Computer«, mutmaßte Finn. »Papierloses Büro!«

»Quatsch!«, widersprach Joanna. »Es gibt keine papierlosen Büros!«

»Aha!« Finn wusste es nicht. Fest stand, hier gab es keine Papiere.

»Meinst du, wir sollten mal in seinem Computer nachschauen?«, fragte Joanna.

Finn fand das keine gute Idee. Zwar waren sie ohnehin schon in ein fremdes Büro eingedrungen. Aber noch waren sie weder irgendwo eingebrochen noch hatten sie etwas gestohlen oder geheime Informationen entdeckt. Wenn man so wollte, waren sie bisher nur irrtümlich in ein fremdes Büro geraten. Aber wenn sie jetzt an einen Computer gingen, der ihnen nicht gehörte, taten sie etwas Verbotenes.

»Bestimmt passwortgeschützt«, sagte Finn.

Joanna setzte sich dennoch auf den Bürodrehstuhl mit schwarzem Lederbezug und wollte gerade den Laptop aufklappen, als ihr Blick auf einen Ablagekorb zwischen der Schreibtischlampe und dem Computer fiel. Den hatte sie bis dahin übersehen. Lediglich drei Schnellhefter lagen darin: ein gelber ganz oben, ein blauer in der Mitte und darunter ein roter. Joanna klappte den obersten auf. Zum Vorschein kam eine Vorladung zu einem Gerichtsverfahren. Neugierig geworden, blätterte Joanna die angehefteten Anlagen durch, überflog den Text und pfiff durch die Zähne.

»Was ist?«, fragte Finn. Er lief um den Schreibtisch herum, um seiner Schwester über die Schulter zu gucken.

»Wenn ich das Erwachsenen-Deutsch richtig verstehe, wurde Hartmanns Firma angeklagt, weil fünfzehn Bauarbeiter, die das Einkaufscenter hier mitgebaut haben, ihre Gehälter nicht bekommen haben.«

»Echt, so wie Papa manchmal?«, fragte Finn.

Joanna nickte. »Scheint so.«

Schon ein paarmal hatte ihr Vater für einige Firmen Auftrags-Malereien erledigt und Flure, Sitzungszimmer oder Hotelzimmer gestaltet. Und immer wieder kam es vor, dass er hinterher kein oder zu wenig Geld bekommen hatte. Auch ihr Vater hatte dann klagen müssen. Manchmal mit Erfolg, manchmal vergebens.

»Fotografier das mal ab«, bat Joanna.

Sie gab ihrem Bruder ihr Smartphone und legte die Dokumente auf dem gläsernen Schreibtisch zurecht, während sie nach dem blauen Schnellhefter griff. Darin fand sich allerdings nur wenig Aufregendes. Ein paar Baugenehmigungen, die Architekten-Zeichnungen eines neuen Einkaufszentrums und …

Joanna wollte die Papiere gerade wieder beiseitelegen, als ihr etwas auffiel. Sie nahm sich die Zettel noch mal vor, las eine Seite genauer durch und verglich den Text mit der Zeichnung, die sie dafür auseinanderfaltete. Es entstand ein DIN A1 großer Grundriss eines neuen Einkaufszentrums in der Nähe des Reichstagsgebäudes. In der unteren linken Ecke des Erdgeschosses war auf dem Plan ein kleines Rechteck eingezeichnet mit der Aufschrift »Gamehouse«.

»Schau mal!«, sagte Joanna.

Finn warf einen Blick auf den Plan. Zwar las er auch, was Joanna aufgefallen war, aber so richtig verstand er es nicht.

Joanna nahm sich den Text der Baugenehmigung noch mal vor. Zunächst stellte sie fest, dass es sich nicht um eine Genehmigung handelte, sondern nur um den Antrag für eine Genehmigung. Dann erkannte sie, wo genau das Einkaufszentrum gebaut werden sollte: auf dem Gelände, das für den Spielplatz oder das Gamehouse vorgesehen war.

»Denen geht es überhaupt nicht um das Gamehouse«, sagte Joanna. »Die wollen ein neues Einkaufszentrum bauen. Siehst du? Das ist schon lange heimlich geplant. Das Gamehouse soll nur ein kleiner Teil des neuen Zentrums werden. Doch wenn das Kinderparlament den Spielplatz beschließt, ist kein Platz mehr für das neue Zentrum. Einigen Unternehmen wie der Easyshopping GmbH entgehen dann langfristig zig Millionen Euro an Gewinnen!«

Joanna zog ihr Smartphone aus der Tasche.

»Das ist der wahre Hintergrund für die Geschenke und den Kampf gegen unseren Spielplatz. Wenn wir das morgen im

Kinderparlament präsentieren, wird ordentlich was los sein, sag ich dir!«

Finn kam nicht dazu, etwas zu antworten, da sich sein Walkie-Talkie meldete.

»Achtung!«, warnte Leo von unten. »Hartmann im Anmarsch!«

»Danke!«, sagte Finn. »Wir sind hier so gut wie fertig.«

»Was heißt ›so gut wie‹?«, quäkte Leo über Walkie-Talkie. »Hartmann ist jede Sekunde bei euch. Ich hab ihn zu spät gesehen!«

»WAS?«, regte Finn sich auf. »Das sagst du erst jetzt? Hast du gepennt da unten, oder was?«

Er ließ die Sprechtaste los und wandte sich an Joanna. »Wir müssen weg hier. Sofort!«

Joanna rief hastig ihre Kamerafunktion im Smartphone auf. »Ja, gleich!«

»Nein! Jetzt!«, beharrte Finn.

»Aber wir haben endlich, was wir gesucht haben!«, entgegnete Joanna. Klick. Die erste Seite war im Kasten.

»Wir haben keine Zeit mehr!«, drängelte Finn.

Joanna prüfte, ob der Text auf dem Foto lesbar war. Das Bild war gelungen. Sie legte die zweite Seite zurecht.

»Sag mal, hörst du schwer oder begreifst du nicht? Hartmann ist jede Sekunde hier. Und erwischt uns!« Finn bemerkte, wie seine Knie zitterten.

Klick. Joanna hatte die zweite Seite abgelichtet.

»Nur noch acht Seiten«, sagte sie.

»ACHT?«, wiederholte Finn. Dazu machte er einen Gesichtsausdruck, als hätte gerade eine Horde Zombies den Raum betreten. »ACHT SEITEN?«

Klick. »Nein, nur noch sieben!«

»Ich höre Schritte im Flur!«, beschwor Finn seine Schwester.

Klick. Nur noch sechs Seiten.

»Dann schau nach, ob er schon kommt«, forderte Joanna ihn auf.

Klick. Noch fünf.

Finn sprang zur Tür, öffnete sie vorsichtig, schlüpfte hinaus und schlich bis zur nächsten Ecke, um den Empfangstresen sehen zu können.

Drinnen klickte es wieder. Noch vier Seiten.

Finn sah ihn. Hartmann blieb kurz vor dem unbesetzten Empfangstresen stehen, sah sich nach seiner Mitarbeiterin um, schüttelte den Kopf und ging weiter zu seinem Büro.

Finn lief schnell zu Joanna zurück.

»Er kommt! Nix wie weg! Er kommt!«

»Noch zwei«, sagte Joanna.

»Nein, noch fünf Schritte, dann ist er hier!«

Klick. Nur noch eine Seite.

Finn sah keine andere Möglichkeit mehr. Er hechtete zum Kleiderschrank, riss die Tür auf und sprang hinein.

Im selben Moment flog die Tür zum Büro auf.

Hartmann trat ein. Und sah – niemanden. Mit eiligen Schritten ging er auf seinen Schreibtisch zu, wobei sein Blick auf seinem Handy ruhte. Offenbar hatte er gerade eine Nachricht bekommen. Er ließ sich auf seinen Bürostuhl sinken, wählte eine Nummer und hielt sich das Handy ans Ohr, während er die Füße auf dem Glastisch ablegte.

Was er nicht sah, waren die beiden Fußspitzen, die unter dem linken Vorhang am großen Bürofenster hervorlugten.

Triumph auf der ganzen Linie!

Dunkelheit. In dem schmalen Kleiderschrank, in dem Finn sich versteckte, war es stockfinster. Die zwei Ersatzhemden und den zweiten Anzug, die auf der Kleiderstange hingen, konnte Finn nur fühlen. Im Gegensatz zu den Hemden, die noch mit Plastikfolien überzogen waren, schien der Anzug nicht frisch aus der Reinigung zu kommen. Ein Duft von Eau de Toilette strömte von ihm aus, der Finn in der Nase kribbelte. Schnell hielt er sie sich zu, um nicht niesen zu müssen.

Er hörte Hartmann immer noch telefonieren. Da seine Stimme gleich laut blieb, nahm Finn an, dass Hartmann an seinem Schreibtisch saß. Wo hatte Joanna sich nur versteckt? Als er in den Schrank geflohen war, hatte sie noch am Schreibtisch gestanden und die Akten fotografiert. Nur einen Augenblick später hatte Hartmann das Zimmer betreten und Joanna offensichtlich nicht mehr gesehen. Sie musste ganz in seiner Nähe sein.

Joanna stand immer noch hinter dem Vorhang und wagte kaum zu atmen. Ganz zu schweigen davon, sich zu rühren. Sie hatte die Arme eng am Körper liegen, das Smartphone hielt sie in der rechten Hand, betend, dass sie jetzt niemand anrief oder eine Nachricht schickte. In der Eile hatte sie es nicht mehr auf Lautlos stellen können. Ebenso hoffte sie, dass Leo sich nicht über das Walkie-Talkie melden würde, das Finn bei sich trug.

Joanna wusste, dass sie es in dieser Stellung nicht lange aushalten würde. Zum Glück hatte Hartmann ihr den Rücken zugewandt, während er telefonierte. Leider ging es in dem Telefonat nicht einmal um das Gamehouse oder das Kinderparlament. Dann wäre ihre aussichtslose Situation zumindest noch zu etwas nutze gewesen. Nein, Hartmann schien wohl ein Privatgespräch zu führen. Er sprach übers Golfspielen, seinen Besuch auf einer Motorjacht, über Strände in Griechenland und Frankreich. Er schien einen spontanen Urlaub zu planen.

Joanna begannen die Füße zu schmerzen. Gleichzeitig fiel ihr ein, dass sie die Dokumentenmappe, aus der sie fotografiert hatte, zwar wieder ordentlich zusammengeklappt, aber nicht in den Ablagekorb zurückgelegt hatte. Die Mappe hatte auf dem Glastisch gelegen, als Joanna hinter dem Vorhang verschwunden war. Noch schien Hartmann das nicht bemerkt zu haben.

Einige Male deutete Hartmanns Tonfall das Ende des Telefonats an. Doch dann entstand auf magische Weise jedes Mal wieder ein neues Thema und die ganze Quatscherei ging von vorne los. Joanna hätte laut aufgestöhnt, wenn sie es sich nicht selbst verboten hätte. Aber lange hielt sie es hier nicht mehr aus.

Finn knubbelte seine Nase. Sie die ganze Zeit zuzuhalten ging nicht. Dann konnte er nicht richtig atmen. Sobald er aber Luft durch die Nase einsog, stieg ihm wieder dieser kribbelnde Parfumgeruch in die Geruchsnerven. Auch traute er sich nicht, sich zu setzen. Und so lange regungslos auf einem Fleck zu stehen machte auch seinen Beinen zu schaffen. Er hatte das Gefühl, dass sich langsam, aber unerbittlich ein Krampf in seiner rechten

Wade anbahnte. Zur Entspannung stellte sich Finn immer wieder vorsichtig auf die Zehenspitzen. Das linderte das Gefühl jedes Mal für einige Sekunden. Doch dann kehrte es unheilvoll zurück.

›Oh, Mann!‹, dachte er. ›Hör auf zu quatschen!‹

Warum musste Hartmann nicht mal aufs Klo oder hatte in einem anderen Büro zu tun?

Doch dann, ganz unverhofft, kam das Telefonat zum Ende. Nachdem Hartmann zuvor ausführlichst gequasselt hatte, brach er das Gespräch ab, verabschiedete sich hastig und legte auf. Finn begriff sofort, weshalb. Die Anklopf-Funktion im Handy hatte ihm einen anderen Anruf signalisiert, den er jetzt annahm.

»Ja!«, meldete sich Hartmann und hörte einen Augenblick zu. »Interessant!«

…

»Ach ja?«

…

»So, so!«

…

»Ist er noch da?«

…

»Gut, dann triff dich mit ihm. Mach ihm ein Angebot.«

…

»Ja, um den Rest kümmere ich mich. Ja, heute noch. Natürlich. Wir haben keine Zeit. Aber übermorgen sind wir ja durch damit. Bis dann.«

Hartmann legte auf und rief seine Assistentin.

»Frau Neumann?«

Wenig später öffnete sich die Bürotür und eine Frauenstimme war zu hören. »Ja bitte?«

»Wo waren Sie denn?«

»Auf der Toilette.«

»Ach so. Aha. Okay …« Hartmann wirkte peinlich berührt.

Doch dann stellte Frau Neumann klar: »Also nicht ich, sondern Sandra Geist. Sie war hier. Dann wurde ihr plötzlich übel. Ich hab sie zur Toilette begleitet und …«

»Sandra war hier?«, brauste Hartmann auf. »Wo ist sie jetzt?«

›Ja, wo ist sie jetzt? Das würde mich auch interessieren‹, dachte Joanna hinter ihrem Vorhang. Dass Hartmann von ihrem Besuch erfuhr, hatten sie so nicht geplant. Aber okay, Sandras Ablenkungsmanöver hatte funktioniert. Vorausgesetzt, sie und Finn würden hier noch irgendwie heil herausfinden.

»Ich hab sie nach Hause geschickt«, antwortete Hartmanns Assistentin.

»Ist sie noch da? Seit wann ist sie weg?« Hartmann sprang von seinem Stuhl auf.

Die Antwort seiner Assistentin, dass Sandra gerade erst aus der Tür sei, hörte Hartmann nur noch vom Flur aus. Eilig jagte er Sandra hinterher, um sie noch zu erwischen. Hätten Joanna und Finn von ihren Verstecken aus die Szene sehen und nicht nur hören können, hätten sie eine verstörte Assistentin vorgefunden, die ratlos den Kopf schüttelte, nun ebenfalls das Büro verließ und die Tür sorgsam hinter sich schloss.

Joanna hörte das Einklicken des Türschlosses und sprang sofort aus ihrem Versteck.

»Finn!«, zischte sie. »Sie sind weg. Komm raus!«

Finn stieg aus dem Kleiderschrank und nieste endlich. »Puh!«, stöhnte er. »Schlimmer als ein Parfumladen. Wie kann man sich so einnebeln?«

»Ja, ist ja gut jetzt«, würgte Joanna ihn hastig ab. »Wir müssen hier verschwinden.«

»Ach, was du nicht sagst. Das hab ich doch schon die ganze Zeit gesagt!«

»Ja, ja, du Schlaumeier!«, erwiderte Joanna. »Aber jetzt hab ich alle Dokumente im Kasten.« Sie öffnete die Bürotür einen Spalt und linste hinaus auf den Flur. »Leer!«

Joanna winkte Finn zu sich und schlich wieder bis zur nächsten Ecke des Flures, von der aus sie den Empfangstresen sehen konnte. Die Assistentin hatte dahinter Platz genommen und tippte etwas in ihren Computer. Von Hartmann war nichts zu sehen. Der suchte vermutlich noch Sandra im Treppenhaus oder unten vorm Gebäude.

Finn piepte Leo mit dem Walkie-Talkie an.

»Sandra?«, fragte Leo nach. »Ich hab sie nicht gese… stopp. Da kommt sie!«

»Hartmann ist hinter ihr her. Haut ab! Versteckt euch!«, rief Finn durch das Funkgerät.

»Pst!«, warnte Joanna. »Wir müssen auch weg von hier. Los, komm!«

Finn konnte nur hoffen, dass Leo ihn richtig verstanden hatte und jetzt schnell und richtig handelte. Joanna zog Finn mit sich und ging direkt auf die Ausgangstür zu, die dem Empfangstresen gegenüberlag.

Die Assistentin hörte auf zu tippen und schaute die Kinder verwundert an. »Wo kommt ihr denn her?«

»Als wir kamen, war hier keiner!«, antwortete Joanna wahrheitsgemäß. »Wir suchen Sandra Geist. Die soll hier sein, hat ihr Vater gesagt. Wir müssen sie dringend sprechen wegen einer Arbeitsgruppe. Wir sind im Kinderparlament, wissen Sie?«

»Nein«, sagte die Assistentin ehrlich. »Das klingt ja toll. Was macht ihr denn da?«

Joanna glaubte der Frau. Sie schien von nichts eine Ahnung zu haben. Joanna ließ sich aber auf kein weiteres Gespräch ein.

»Also Sandra ist nicht hier?«

Die Assistentin erklärte Joanna und Finn das Gleiche, das sie auch kurz zuvor ihrem Chef erklärt hatte. Sie konnte ja nicht ahnen, dass die beiden Kinder, die vor ihr standen, alles mitgehört hatten.

»Okay«, schnitt Joanna ihr schnell das Wort ab. »Dann suchen wir sie draußen. Tschühüüüss!«

Und schwupp, schon hatte Joanna die Ausgangstür geöffnet und verschwand im Treppenhaus. Finn kam kaum hinterher. Sie drückte den Knopf, um den Fahrstuhl zu rufen, flüsterte ihrem Bruder aber zu: »Wir nehmen die Treppe!«

Noch ein schneller Blick nach hinten durch die Glastür zur Empfangsdame, dann rannten die beiden die Treppen hinunter. Im Erdgeschoss angekommen, vergewisserten sie sich, dass sie Hartmann nicht versehentlich in die Arme liefen. Dann endlich standen sie draußen vor der Tür.

»Puh!«, atmete Joanna erst einmal tief durch. »Das ist gerade noch mal gut gegangen!«

»Mehr Glück als Verstand«, bescheinigte Finn ihr. »Mann, wieso hast du dich nicht gleich versteckt, als ich gerufen habe? Wo warst du überhaupt?«

Joanna erzählte von ihrem Versteck hinter dem Vorhang und hielt ihr Handy wie eine Trophäe in die Höhe. »Dafür haben wir jetzt alles hier drauf. Die ganzen Dokumente, die beweisen, worum es den Investoren wirklich geht. Das wird der Knüller morgen im Plenum!«

Finn rief Leo per Walkie-Talkie. Der bestätigte, dass er Sandra gefunden und in Sicherheit gebracht hatte. Von Hartmann hatte er auch nichts mehr gesehen.

»Gott sei Dank!«, seufzte Finn erleichtert. Dass sie beinahe in seinem Büro erwischt worden wären, langte ihm an Abenteuer für diesen Monat.

132

Zufrieden begaben die vier sich zum Abendessen ins Hotel. Dort trafen sie sich mit Brenda und berichteten, was passiert war.

»Und wie ist es mit Egmont gelaufen«, fragte Leo Brenda.

»Stellt euch vor, wir wollten ja eigentlich Hartmann aus seinem Bau locken. Aber dann ist gar nicht Hartmann gekommen, sondern ein anderer Mann, der sich zu Egmont an den Tisch gesetzt und mit ihm geredet hat.«

»Jetzt wird mir einiges klar«, sagte Joanna. »Hartmann hat die Aufgabe delegiert. Deshalb kam er so schnell zurück und hätte uns fast erwischt. Verdammt, daran hätten wir denken müssen. War doch klar, dass Hartmann solche Termine nicht selbst wahrnimmt, sondern jemanden schickt.«

»Na ja, immerhin«, nahm Brenda wieder das Wort an sich, »haben die beiden sich eine ganze Zeit lang unterhalten. Ich hab leider nicht mitbekommen, worüber. Offensichtlich will Egmont wirklich Sandras Part übernehmen, um die Kinderparlamentarier vom Gamehouse zu überzeugen.«

»Aber die sind doch schon alle überzeugt«, stellte Finn fest. »Wir müssen sie vom Gegenteil überzeugen und haben dafür kaum noch Zeit.«

Joanna winkte ab. »Ist doch egal. Hartmann war jedenfalls lang genug weg, sodass ich alle Dokumente aufnehmen konnte.«

»Und die kannst du dann morgen im Parlament präsentieren«, sagte Brenda triumphierend. »Gerade noch rechtzeitig einen Tag vor der Abstimmung!«

»Aber wie willst du das machen?«, fragte Leo Joanna.

»Ich werde die Dokumente morgen einfach der Versammlungsleiterin übergeben. Dann können wir sie entweder ausdrucken lassen und verteilen oder projizieren, wenn das im Bundestag geht«, antwortete Joanna. »Wenn die anderen erfahren, dass ihr Gamehouse fast keine Rolle spielt in dem neuen Einkaufszentrum und sie nur benutzt wurden, dann werden die meisten bestimmt auf den Spielplatz umschwenken!«

In dem Moment kam Egmont ins Hotelrestaurant. In der einen Hand hatte er einen Aktenkoffer, mit der anderen hielt er sich sein Handy ans Ohr, während er zur Essensausgabe stolzierte.

»Diese Arschgeige!«, schimpfte Leo. »Kommt sich wichtig vor wie so 'n Staatspräsident. In Wahrheit nichts als pure Luft und Seifenblase.«

Egmont legte zwei Scheiben Brot auf seinen Teller, dazu ein paar Scheiben Käse und stellte noch einen Früchtetee aufs Tablett. Damit stolzierte er weiter zu einem Tisch, an dem nur noch ein Platz frei war, und begann mit den Kindern ein Gespräch.

»Hey, die fünf, die dort sitzen, sind außer uns die Letzten, die noch für den Spielplatz sind«, stellte Leo fest.

»Vielleicht will er ein einstimmiges Ergebnis und kommt auch noch zu uns?«, mutmaßte Brenda.

»Au ja! Soll er nur!« Joanna rieb sich schon die Hände. »Dann hören wir, welche Strategie er von Hartmanns Leuten mit auf den Weg bekommen hat.«

»Lass uns lieber weitermachen«, mahnte Brenda. »Der morgige Tag ist zu wichtig. Und so sicher bin ich mir ehrlich gesagt noch nicht, dass alle Kinder nach unserer Enthüllung für den Spielplatz stimmen.« Ihr Blick ging hinüber zu Jacqueline und Maike, die ungeniert ihre Markenklamotten trugen und mit ihren Smartphones spielten. »Manchen ist es doch völlig egal, was gebaut wird. Hauptsache, sie können absahnen!«

»Ich hoffe, der Mehrheit ist es nicht egal«, widersprach Joanna. »Und mal sehen, was die Versammlungsleiterin und die Pädagogen zu dem Skandal sagen werden. Wir werden doch alle hier komplett verarscht. Umso besser, wenn es ein starkes Votum für den Spielplatz gibt.«

»Das könnte ich in meinem Redebeitrag sagen, nachdem du alles enthüllt hast«, bot Brenda sich an.

Die anderen waren einverstanden. Finn und Leo sollten darlegen, wie toll auch sie ein Gamehouse fanden. Aber nicht als Tarnung für ein Einkaufzentrum, das in Wahrheit heimlich geplant wurde. So könnten sie auch richtige Gamehouse-Fans für den Spielplatz gewinnen.

»Und vielleicht bringen wir sogar Finns Vorschlag ins Spiel, dass es einen Kompromiss geben könnte«, schlug Sandra vor. »Hundert Prozent Stimmen für einen Spielplatz UND ein Gamehouse, aber gleichzeitig einstimmig gegen das heimlich geplante Einkaufszentrum!«

»Eine gute Idee!«, strahlte Joanna. »So kriegen wir alle.«

Finn freute sich ebenfalls. »Das hab ich doch von Anfang an gesagt!«

»Ja, aber jetzt ist die Situation eine andere«, belehrte ihn Joanna. »Jetzt ergibt dein Vorschlag wirklich einen Sinn.«

»Nee, is klar«, sagte Finn und rollte mit den Augen.

Leo zwinkerte ihm zu. Was so viel heißen sollte wie: *Wir waren von Beginn an auf der richtigen Seite, auch wenn deine Schwester es nicht wahrhaben will. Aber so sind Schwestern eben.*

Finn zwinkerte zurück, während Joanna stolz verkündete: »Leute, das wird morgen für uns ein Triumph auf der ganzen Linie!«

Sie sollte sich täuschen.

Wo steckt Sandra?

Mitten in der Nacht hörte Joanna ein Geräusch. Ganz kurz nur, ein kaum merkliches, leises Knarren. Und doch genügte es, um Joanna zu wecken. Vermutlich war es ein Instinkt, ein ihr bis dahin unbekanntes inneres Warnsystem, das sie auf den Plan gerufen hatte. Aber trotz ihres sechsten Sinns für Gefahren kam ihre Reaktion zu spät. Joanna öffnete die Augen, nahm einen Schatten wahr, und ehe sie es sich versah, spürte sie schon eine harte Hand in einem ledernen Handschuh, die ihr den Mund fest zudrückte.

Mehr als ein dumpfes »Mmmpff« bekam Joanna nicht mehr zustande. Ihr Blick flog hinüber zu Sandras Bett, vor dem ebenfalls ein Mann stand, der Sandra auf die gleiche Weise am Schreien hinderte und gerade dabei war, sie aus dem Bett zu zerren.

Der Mann, der Joanna den Mund zudrückte, löste seinen Griff so dermaßen schnell, dass Joanna kaum zum Atmen kam, geschweige denn dazu, Hilfe zu rufen. Blitzartig hatte der Mann sie herumgewirbelt, zurück aufs Bett geworfen und presste ihr Gesicht ins Kissen, sodass Joanna die Luft wegblieb.

›Der will mich ersticken!‹, schoss es ihr panisch durch den Kopf.

Doch dann riss der Mann an ihren Armen und legte ihre Hände übereinander. Sie spürte einen heftigen Schmerz in den Handgelenken. Ehe Joanna begriff, was geschah, waren ihre Hände bereits mit einem Kabelbinder gefesselt.

Joanna hob den Kopf, um endlich um Hilfe zu rufen. Doch der Mann löste wiederum nur für den Bruchteil einer Sekunde seinen Griff und presste ihr ein dickes reißfestes Klebeband auf den Mund. Joanna bekam noch Luft durch die Nase, war aber nicht in der Lage, auch nur einen einzigen Mucks von sich zu geben.

»Wehe, ihr sagt etwas von den Plänen!«, drohte einer der beiden Männer.

War das die Stimme des Mannes, der ihr und Finn auf der Straße gedroht hatte? Sicher war sie sich nicht. »Wir nehmen Sandra als Pfand mit!«

Dann ließ er von Joanna ab, die sofort den Kopf drehte und sah, wie der andere Mann Sandra bereits einen Sack über den Kopf gestülpt hatte und ihren Hals und Oberkörper umklammerte. Der erste Mann hob nun Sandras Beine an. Zu zweit trugen sie Sandra aus dem Zimmer.

Die ganze Aktion hatte keine dreißig Sekunden gedauert und Sandra war verschwunden! Entführt, während Joanna gefesselt und geknebelt auf ihrem Bett lag. Allerdings waren ihre Füße noch frei. Entweder hatten die Täter sie vergessen, was sich Joanna aber kaum vorstellen konnte. Oder sie hatten ihr gnädigerweise diese Freiheit gelassen, um Hilfe holen zu können. Aber ehe sie jemanden gefunden hatte, waren die Täter mit Sandra längst über alle Berge. Das wurde Joanna in diesem Moment auch klar. Dennoch beeilte sie sich, aus dem Bett zu krabbeln, wobei sie peinlichst darauf achtete, nicht zu stürzen. Da sie sich nicht mit den Armen abstützen konnte, wäre sie unweigerlich aufs Gesicht gefallen.

Joanna stand nun barfuß auf beiden Beinen. Und trug nichts als ihren Slip. Als sie ins Bett gegangen war, hatte sie noch ein T-Shirt angehabt. Dann war ihr in dem nicht klimatisierten Hotelzimmer zu warm geworden und sie hatte es ausgezogen. Es war eine heiße Sommernacht, das Fenster stand zwar offen, aber kein Lüftchen wehte hinein. Joanna trat vorsichtig an das Fenster heran, das nach hinten rausging, mit Blick auf den ruhigen, menschenleeren Hof. Nicht einmal ein einsamer Raucher stand dort.

›Ich muss Hilfe holen. So schnell wie möglich‹, dachte Joanna. Aber sie war bis auf ihren Slip nackt. Nie und nimmer würde sie so hinaus auf den Hotelflur treten. Und schon gar nicht bis hinunter in die erste Etage laufen, um die Sozialpädagogen zu alarmieren. Auch ihr Bruder wohnte eine Etage tiefer. Wie aber sollte sie es sonst anstellen, sich zu befreien und so schnell wie möglich eine Suchaktion nach Sandra zu starten?

Joanna überlegte einen kurzen Moment. Anrufen konnte sie auch niemanden, weil ihre Hände zusammengebunden waren. Immerhin hatten die Männer ihr das Handy dagelassen. Es lag neben dem Bett auf einem kleinen Nachtschränkchen, zum Aufladen am Strom angeschlossen. Nur mit der Eingabe eines Codes konnte man es aktivieren. Niemals würde sie es schaffen, den Code mit den Zehen oder der Nase einzutippen. Und nach drei Fehlversuchen wäre das Handy gesperrt. Außerdem würde es zu lang dauern.

Es half nichts, sie musste aus dem Zimmer raus! Wieso auch nicht? Dies war eine Notsituation. Außerdem schliefen die meisten und sie konnte gezielt zu … ja, zu wem gehen?

Joanna hatte eine Idee.

Sie ging zur Tür und kehrte ihr den Rücken zu, um die Klinke mit den Händen betätigen zu können. Es gelang gut. Die Tür war offen. Joanna schaute kurz in den Flur. Alles leer. Sie huschte hinaus, nur zwei Zimmer weiter. Dort schliefen Rabia, Jacqueline und Maike, die drei Tussis. Joanna trat gegen die Tür.

Keine Reaktion.

Joanna trat nochmals gegen die Tür. Mehrfach. Härter, lauter.

»Rabia! Maike! Jacqueline! Macht auf!« So richtig laut zu rufen, traute Joanna sich nicht. Sie wollte nicht das ganze Hotel wecken.

Endlich rührte sich innen etwas.

»Hä?«

Rabias Stimme.

»Rabia? Ich bin's: Joanna. Mach auf!«

»Spinnst du?«, kam es von innen. »Lass uns in Ruhe. Wir wollen schlafen!«

»Mensch!«, schimpfte Joanna. »Mach auf, verdammt. Ich brauche eure Hilfe. Ich bin … gefesselt.« Das letzte Wort sprach sie nur gedämpft durch die Tür hindurch.

Endlich hörte Joanna, wie von innen das Schloss betätigt wurde. Die Tür öffnete sich. Rabia stand vor ihr. Mit verwuschelten Haaren, in T-Shirt und Slip. Verschlafen. Rabia wischte sich eine Strähne aus dem Gesicht.

»Was ist?«, fragte sie. Dann begriff sie erst, was sie da sah: Joanna stand mit nacktem Oberkörper auf dem Hotelflur. »Was ist denn mit dir los?«

Joanna drängte sich an ihr vorbei ins Zimmer. »Mach die Tür zu!«

Rabia schloss die Tür, hatte aber immer noch nicht gesehen, dass Joanna gefesselt war. Joanna drehte sich um und zeigte ihr die Kabelbinder an ihren Händen.

»Du musst meine Fesseln durchschneiden. Schnell!«

Rabia machte große Augen und schaute Joanna befremdlich an. »Wer war das?«

Auch Maike und Jacqueline waren aufgewacht und beobachteten von ihren Betten aus, was da vor sich ging.

Jetzt erst begriff Joanna, was Rabia dachte: Joanna stand halb nackt da, mit verbundenen Händen. Rabia vermutete, dass vielleicht ein paar Jungs ihr einen äußerst üblen Streich gespielt hatten.

»Nein, nein!«, wiegelte Joanna ab. »Es war ein ernsthafter Überfall, von außen. Dieselben, die schon mal Sandra überfallen haben. Trotzdem dürft ihr nichts darüber erzählen, hört ihr?«

»Hä? Was? Überfall? Wieso nicht?«, stammelte Rabia, die überhaupt nichts verstand.

»Es hat etwas mit denen zu tun, die auch Sandra und ihren Vater überfallen und die euch mit Geschenken bestochen haben«, sagte Joanna nur. »Also los jetzt, schneide mich los.«

»Womit denn?«, fragte Rabia.

»Mit einem Taschenmesser zum Beispiel. Oder einer Schere«, antwortete Joanna. ›Wie kann man nur so blöd sein?‹, dachte sie.

»Hab ich nicht«, sagte sie. »Nur 'ne Nagelschere, und damit geht es nicht.«

Auch Jacqueline und Maike hatten weder Messer noch Schere in ihrem Gepäck.

Verflucht! Rabia hatte recht. Das durfte doch nicht wahr sein! Wer könnte ein Taschenmesser dabeihaben? Sie selbst hatte keines, aber – Finn!

»Hol meinen Bruder. Der hat ein Messer! Leo auch. Zimmer 214. Zweiter Stock. Bitte, du siehst doch …« Joanna zeigte ihr noch mal die gefesselten Hände. »Und beeil dich!«

Rabia sah sich um, zog sich schnell einen kurzen Rock über und lief hinunter, um Finn zu holen.

Joanna wurde unterdessen klar, dass sie viel zu viel Zeit verloren hatten. Sandra noch in dieser Nacht wiederzufinden war aussichtslos. Sie überlegte, was sie stattdessen machen sollte. Sandra war entführt worden! Das bedeutete, Joanna musste sofort die Sozialpädagogen und dann die Polizei informieren. Eigentlich.

Aber was würde dann passieren? Die Täter hatten sie eindeutig gewarnt, dass sie nichts von den Dokumenten preisgeben und nichts über die Bestechung der Kinderparlamentarier verraten sollten. Dafür hatten sie Sandra »als Pfand« mitgenommen, wie der Täter es ausgedrückt hatte. Als Pfand! Das bedeutete doch nichts anderes, als dass sie Sandra etwas antaten, wenn sie die Forderungen nicht erfüllten!

Und wenn Joanna jetzt zur Polizei ging? Sie würde fragen, weshalb Sandra entführt worden war, weshalb sie Joanna gefesselt hatten und ob es eine Drohung oder Erpressung gegeben hatte, und so weiter. Was sollte sie darauf antworten?

Joanna wusste, dass sie dann nicht länger die Wahrheit verschweigen konnte. Außerdem würden die Täter es bestimmt sofort mitbekommen, wenn Joanna die Polizei rief. Was geschah dann mit Sandra?

Nein! Joanna entschied sich, die Sache für sich zu behalten.

Tatsächlich kehrte Rabia wenig später mit Finn zurück, der seine Schwester befreite. Joanna lieh sich ein T-Shirt von Rabia aus, das sie gerade überstreifte, als Leo dazukam. Joanna nahm Rabia, Maike und Jacqueline noch mal das »hochheilige Versprechen« ab, über den gesamten Vorfall Stillschweigen zu bewahren. Danach verschwand sie mit Leo und Finn zurück in ihr Zimmer.

Leo lief los, um Brenda zu holen, und dann saßen die vier wieder zusammen und überlegten, was sie als Nächstes tun sollten.

»Das geht nicht!«, sagte Leo. »Wenn Sandra entführt wurde, dann müssen wir zumindest ihren Vater informieren. Außerdem steckt der ja auch mit drin. Der kann dann selbst einschätzen, ob er die Polizei benachrichtigt oder nicht.«

Die anderen stimmten zu. Sandras Vater konnte bestimmt mehr für seine Tochter tun als die Sozialpädagogen im Haus oder gar die Polizei. Eine solche Nachricht aber musste man persönlich überbringen und nicht mit einem Anruf erledigen. Der Beschluss stand: Am nächsten Morgen, gleich nach dem Frühstück, wollten sie alle gemeinsam Sandras Vater aufsuchen.

Brenda suchte im Internet nach Sandras Adresse. Mittlerweile kannten sie ja ihren richtigen Nachnamen. Und tatsächlich hatte ihr Vater seine Berliner Wohnung ganz normal im Telefonbuch angegeben.

»Am Savignyplatz«, sagte Brenda. »In Charlottenburg.«

Das war eine ordentliche Strecke. Eine gute halbe Stunde Fahrtzeit mussten sie einplanen. Und konnten nur hoffen, Sandras Vater noch zu Hause anzutreffen.

So machten sich die vier früh am Morgen auf den Weg. Sehnsüchtig dachten Finn und Leo daran, was sie sich in der Zeit eigentlich lieber angesehen hätten.

»Ich will unbedingt noch ins Pergamonmuseum!«, stellte Leo klar. Weil es dort eine der größten Sammlungen der Welt aus der Antike gab. »Altes Rom, altes Griechenland. Wie bei Asterix und Kleopatra, wisst ihr?«

Finn nickte eifrig.

»Kleopatra herrschte in Ägypten!«, korrigierte Brenda und winkte gelangweilt ab. »Ich möchte lieber ins Nikolaiviertel. Da gibt es schöne alte Gässchen und verrückte Läden. Zum Beispiel ein Geschäft nur mit Miniaturbüchern. Das finde ich witzig.«

»Die alten Gässchen sind aber ganz neu«, konterte Leo. »In der DDR wurde dieser angebliche Altstadtteil neu gebaut.«

»Wirklich?«, sagte Brenda enttäuscht. Das hatte sie nicht gewusst.

»Was ist denn die DDR?«, fragte Finn.

Sandra seufzte kurz und holte dann aus. »In Deutschland haben die Nazis geherrscht und gegen die ganze Welt Krieg geführt …«

»Zweiter Weltkrieg, weiß ich!«, stellte Finn klar.

»Na ja, von Osten kam die Rote Armee der Russen, von Westen die Armeen der USA, England und Frankreich. Gemeinsam haben sie Nazi-Deutschland besiegt und das Land unter Aufsicht gestellt: die Russen den Ostteil mit Ostberlin, die Westmächte Westdeutschland und Westberlin. Weil sie sich nicht einigen konnten, wie es mit Deutschland weitergehen sollte, sind zwei Staaten entstanden: die Bundesrepublik Deutschland und die Deutsche Demokratische Republik. Und weil sie unterschiedliche Staatsformen hatten, ging der Streit weiter, bis die DDR die Grenzen dichtgemacht hat. Da haben sie hier in Berlin eine Mauer gebaut, niemand kam mehr raus.«

»Wie, 'ne Mauer?«, fragte Finn. »Durch ganz Deutschland? So wie die Chinesische Mauer in China?«

Joanna schüttelte den Kopf. »Nein, zwischen Ost- und Westdeutschland wurden die Grenzen geschlossen. Nur in Berlin gab es eine Mauer quer durch die Stadt. Wenn wir Zeit haben, können wir uns angucken, wo sie stand. Es gibt eine Gedenkstätte. Das Brandenburger Tor zum Beispiel war Teil der Grenze. Es war geschlossen. Die Grenze war total gesichert. Wer unerlaubt durchwollte, wurde erschossen.«

Finn erinnerte sich: »Ich glaube, ich habe darüber mal etwas im Fernsehen gesehen. In der Schule hatten wir das nicht.«

»Das kommt später«, wusste Joanna. »Ich glaube, in der achten Klasse. Heute ist von alldem aber kaum noch etwas zu sehen.«

»Ach, ich will mir sowieso lieber das Berliner Schloss ansehen«, sagte Finn.

»Das gibt es doch gar nicht mehr!«, erklärte ihm seine Schwester.

»Es wird aber gerade wieder neu aufgebaut«, beharrte Finn. »Der Rohbau steht schon.«

Joanna verzog den Mund. »Toll, du willst dir also eine Baustelle angucken! Gibt es nichts Besseres in Berlin?«

»Es gab mal eine Autobahn mitten in der Stadt«, sagte Leo. »Also so eine richtige, für Rennwagen. Formel 1!«

»Echt?«, fragte Finn begeistert.

Doch Leo musste ihn gleich wieder enttäuschen. »Die Avus war die erste Autobahn Europas. Später wurde sie zwar als Rennstrecke genutzt, auch für die Formel 1. Seit 1998 finden da aber keine Rennen mehr statt. Jetzt ist sie nur noch eine normale Autobahn.«

»Gähn!«, sagte Joanna. »Lasst uns lieber etwas anschauen, was es wirklich noch oder schon gibt.«

Leo zählte typische Touristen-Programmpunkte auf: »Dom, Brandenburger Tor, Ku'damm, Mauergedenkstätte an der Bernauer Straße, Reichstag, Nikolaiviertel, Dampferfahrt auf der Spree, Gendarmenmarkt ...«

»Entweder kennen wir das schon oder es klingt öde«, fand Finn.

»Wir sind sowieso gleich da«, sagte Joanna. »Nächste Station ist Savignyplatz. Unser Besichtigungsprogramm können wir später noch festlegen.«

Am alten S-Bahnhof Savignyplatz stiegen sie aus, überquerten das kleine Grün in der Kantstraße und bogen in die Bleibtreustraße ein. Sie merkten aber schnell an den Hausnummern, dass sie auf der falschen Seite waren. Also mussten sie zurück über die Kantstraße auf die andere Seite.

Trotzdem sah Joanna sich interessiert um. Das Flair der Straße erinnerte sie an Florenz, wo sie mal einige Monate mit ihrem Vater gewohnt hatte. Dort waren die Terrassen der Straßencafés und Restaurants im Sommer auch immer voll besetzt.

Sie überquerten die Straße, die zu beiden Seiten von vielen kleinen Läden gesäumt war. Dann liefen sie unter einer S-Bahn-Unterführung durch, an der Kneipe Alt-Berlin vorbei und dann waren sie schon da. Auf der gegenüberliegenden Seite befand sich die Wohnung von Sandras Vater, die er nutzte, wenn er in Berlin war.

Joanna klingelte, aber niemand öffnete.

»Vielleicht ist er zu Hause, aber macht nicht auf?«, sagte Brenda.

»Unwahrscheinlich!«, entgegnete Joanna. »Aber was machen wir jetzt?«

Eine Mobilnummer von Sandras Vater hatten sie nicht. Von Sandras Mutter wussten sie nichts, nicht mal, ob sie auch zeitweise in Berlin wohnte.

»Vielleicht ist Sandras Vater zu uns gefahren und sucht uns im Hotel. Oder im Bundestag«, meinte Leo.

»Wie kommst du denn auf so etwas?«, wunderte sich Joanna.

Für Leo war das eine klare Sache. »Sandra wurde entführt, um sie als Druckmittel zu benutzen. Wie wir wissen, wird ja nicht nur Druck auf uns ausgeübt, sondern auch auf Sandras Vater. Er soll mit Geschenken und so weiter dafür sorgen, dass das Gamehouse eine Mehrheit erhält.«

»Ja, das wissen wir doch längst«, drängelte Joanna. »Und?«

»Na ja, wenn Sandra als Druckmittel funktionieren soll, dann müssen sie das dem Vater auch mitteilen!«

Joanna begriff. »Du meinst, Sandras Vater weiß längst von der Entführung?«

Leo nickte. »Exakt. Und jetzt düst er vielleicht gerade zu uns, um uns zu überzeugen, nichts gegen das Gamehouse zu unternehmen. Offenbar haben Hartmann und seine Leute ihn informiert, dass wir ein Druckmittel, also die entlarvenden Dokumente, besitzen.«

»Verdammt, du hast recht!«, stimmte Brenda ihm zu. »Also nichts wie zurück zum Bundestag!«

Die vier wollten gerade abdrehen und zurück zur S-Bahn, als sich unten im Haus die Tür öffnete und Sandras Vater herausstürzte.

»Da seid ihr ja!«, rief er.

Sein Gesicht sah immer noch sehr lädiert aus von dem Überfall. Über der Augenbraue trug er ein Pflaster. Das Auge selbst war dunkelblau und dick. Seinen linken Arm trug er in einer Schlinge. Joanna fiel auf, dass er auch ein wenig humpelte.

»Herr Geist!«, sagte sie überrascht. »Sie wissen von Sandra?«

Sandras Vater nickte und fragte verwundert: »Ihr etwa auch?«

»Ich war dabei, als sie Sandra geholt haben«, erklärte Joanna.

Herr Geist musterte Joanna von Fuß bis Kopf. »Bei dir alles okay?«

»Ja«, antwortete Joanna. »Haben Sie etwas von Sandra gehört?«

»Ja«, erzählte Herr Geist. »Es geht ihr wohl so weit gut. Aber auf keinen Fall dürft ihr morgen bei der Abstimmung etwas gegen das Gamehouse unternehmen. Das Projekt muss glatt durchgehen, hört ihr? Sandra zuliebe! Wir dürfen sie nicht gefährden!«

»Warum gehen Sie nicht zur Polizei?«, fragte Finn. »Sie wissen doch, wer Sandra entführt hat.«

»Bist du verrückt?«, entgegnete Sandras Vater. »Erstens ist es ein Unterschied zwischen dem, was man weiß, und dem, was man beweisen kann …«

»Können wir«, unterbrach Joanna ihn. »Wir haben die Dokumente von den Plänen mit dem Einkaufszentrum abfotografiert ...«

»Um Himmels willen!«, ging Herr Geist dazwischen. »Wollt ihr wirklich, dass Sandra das Gleiche passiert wie mir?« Mit schmerzverzerrtem Gesicht hob Herr Geist seinen Arm. Joanna nahm an, dass er mindestens geprellt, wenn nicht gar gebrochen war. »Und wenn sie Sandra etwas antun, dann geht es womöglich nicht so glimpflich aus!«

Finn musste schlucken. So wie Herr Geist aussah, war der Überfall auf ihn alles andere als glimpflich ausgegangen. Finn hatte ja gesehen, wie brutal die Täter zugeschlagen hatten. Das wollte er Sandra auf jeden Fall ersparen.

»Und was wollen Sie unternehmen?«, fragte Joanna.

Herr Geist schaute Joanna an, als ob sie ihn nicht verstanden hätte. »Nichts!«, antwortete er entschieden. »Und hoffen, dass Sandra morgen nach der Abstimmung wohlbehalten nach Hause zurückkehrt!«

»Sie wollen nichts machen?«, empörte Joanna sich. »Und die Gangster setzen sich durch?«

»Hör zu!«, sagte Herr Geist streng. »Nichts ist wichtiger als die körperliche Unversehrtheit von Sandra. Sie haben sie entführt! Das hast du doch verstanden, oder etwa nicht? Es darf jetzt nichts – ich wiederhole: absolut nichts – unternommen werden, was Sandra gefährdet. Auch von euch nicht. Ist das klar?«

»Aber ...«, setzte Joanna von Neuem an.

»IST DAS KLAR!«, fuhr Herr Geist Joanna an. »IHR TUT ÜBERHAUPT NICHTS! HABEN WIR UNS DA VERSTANDEN?«

Joanna schnappte nach Luft. Auch die anderen schauten nur bedröppelt drein.

»Ob wir uns verstanden haben?«, wiederholte Herr Geist scharf.

»Ja«, presste Joanna heraus.

»Noch mal: Wenn ihr etwas Unüberlegtes tut, bringt das Sandra in Gefahr!«

»Ja«, wiederholte Joanna.

»Also«, setzte Herr Geist nach. »Dann geht zurück in euer Hotel, stimmt morgen einfach nur brav ab, sagt am besten gar nichts, und gut ist. Es geht nur noch darum, Sandra zu retten. Das Gamehouse oder der Spielplatz sind da ab-so-lut unwichtig, hört ihr? Ab-so-lut unwichtig!«

Joanna drehte ab und verzog sich Richtung S-Bahnhof. Die anderen folgten ihr mit hängenden Köpfen. Niemand sagte mehr auch nur noch einen Ton, bis sie im Waggon saßen.

Erst als die S-Bahn anfuhr, murmelte Brenda: »Schöne Pleite!«

Letzte Rettung

Joanna wusste nicht mehr, was sie tun sollten. Eigentlich hätten sie sich vorher denken können, wie Herr Geist reagieren würde. Natürlich hatte er wenig Interesse, irgendetwas zu unternehmen, was auch nur annähernd Sandras Sicherheit gefährden konnte.

»Ich kann ihn verstehen«, sagte Finn. »Unsere Eltern hätten genauso gehandelt!«

Joanna, Finn, Brenda und Leo waren bis zum Alexanderplatz gefahren. Leo kannte dort in der Einkaufspassage des Bahnhofs ein kleines Eiscafé mit hausgemachtem Eis. Die vier waren sich einig, dass sie für ihre bittere Niederlage einen kleinen Trost verdient hatten. Leo stellte sich als Erster an, die anderen dahinter. Drei Kunden waren noch vor ihnen dran.

»Ich glaube, Mama hätte die Polizei verständigt«, widersprach Joanna. »Und Papa würde niemals kampflos hinnehmen, dass sich Betrüger und Erpresser durchsetzen.«

»Okay«, räumte Finn ein. »Seine eigene Sicherheit würde Papa aufs Spiel setzen, aber ganz bestimmt nicht deine oder meine!«

Da hatte Finn wiederum recht, musste Joanna zugeben. Dennoch wollte sie sich nicht einfach so geschlagen geben.

»Mann!«, schimpfte sie. »Da haben wir es tatsächlich geschafft, die geheimen Dokumente zu beschaffen, und dann müssen wir stillhalten. Ich platze jetzt schon vor Wut, wenn ich morgen mit ansehen muss, wie die ganzen Dumpfbacken das Gamehouse bejubeln, bloß weil sie dafür neue Blusen oder Smartphones bekommen haben.«

»Ich bin genauso geknickt wie du«, sagte Brenda. »Aber ich denke auch an Sandra. Wer weiß, wo die jetzt steckt und welche Ängste sie aussteht!«

»Oh Gott, ja!«, stimmte Joanna ihr zu. »Das darf ich mir gar nicht vorstellen!«

Ihr einziger Trost war, dass Sandra am nächsten Tag, gleich nach der Abstimmung, freigelassen werden würde. Aber selbst wenn sie anschließend den Skandal öffentlich machen würden, hätte es wenig Sinn. Die Entscheidung würde im Nachhinein wohl kaum rückgängig gemacht werden.

Finn war nun an der Reihe und bestellte sich drei Kugeln Eis in einer großen Waffel mit Sahne und Erdbeersoße. Leo schleckte bereits an seinem Eis ohne Sahne. Doch fast wäre ihm der Appetit vergangen. Denn am Ende der Schlange hatte sich Flo angestellt, Florian Goldmann. Einer von jenen, die gleich zu Beginn ihre Meinung zugunsten des Gamehouse geändert hatten. Leo ging gleich auf ihn los.

»Na, du kleiner Pisser? Was haben sie dir denn geboten, dass du dein Gewissen verkauft hast?«

Flo guckte Leo erschreckt an. Er musste sich erst einmal ein bisschen sammeln, ehe er begriff, was Leo meinte. Dann antwortete er: »Geboten? Mir? Überhaupt nichts!«

Leo wollte Flo gerade einen harten Stoß verpassen, besann sich aber auf sein Eis in der Hand und beließ es bei einer verbalen Attacke: »Ach nein? Und wieso dein plötzlicher Gesinnungswandel? Erst für den Spielplatz, dann dagegen. Genau wie die anderen Idioten alle!«

»Ich habe nichts bekommen«, beteuerte Flo.

»Feigling. Gib's wenigstens zu!«, zischte Leo.

»Ich hab nichts zuzugeben«, erwiderte Flo barsch.

»Blödmann!«, giftete Leo ihn an und wollte sich gerade schon abwenden. Die korrupten Kinder widerten ihn an und es war eh nichts mehr zu machen.

Doch da sagte Flo: »Ich bin nur auf Sandras Seite. Das ist alles!«

Leo wandte sich ihm wieder zu. Inzwischen waren auch Finn und Joanna bei ihnen angekommen, während Brenda gerade ihr Eis am Tresen entgegennahm.

»Auf Sandras Seite?«, fragte Joanna nach. »Was soll das denn heißen?«

Flo zuckte mit den Schultern. »Sandra hat ihre Meinung geändert. Ich bin ihr bloß gefolgt.«

»Von einer Nacht auf die andere?«, fragte Joanna.

Flo nickte schüchtern. »Ja, und?«

»Und jetzt?«, fragte Leo. »Ich meine, Sandra ist wieder auf unserer Seite. Für den Spielplatz.«

»Ich auch«, antwortete Flo.

»Ach«, staunte Joanna. »Du stimmst morgen für den Spielplatz?«

Flo druckste herum und antwortete leise: »Ja, wenn Sandra so abstimmt ...«

Gerade wollte Leo ihn fragen, was das denn bitte schön für eine bescheuerte Haltung war. Doch Joanna kam ihm zuvor.

»Sandra wird morgen überhaupt nicht abstimmen. Die war zwischenzeitlich nämlich nur für das Gamehouse, weil sie bedroht wurde. Und jetzt, wo sie wieder für den Spielplatz ist, wurde sie entführt!«

Leo und Finn schauten Joanna entsetzt an. Joanna konnte doch das Geheimnis nicht einfach so ausplaudern, mitten in einem öffentlichen Eiscafé! War sie verrückt geworden? Vielleicht brachte sie damit Sandra unnötig in Gefahr!

Noch erschrockener aber starrte Flo sie an.

»Wie bitte?«, stammelte er. »Sandra? Entführt? Von wem? Und wieso?«

»Wieso, hab ich ja gerade gesagt«, antwortete Joanna nun deutlich leiser. Ihr war auch gerade aufgegangen, dass sie eine Information preisgegeben hatte, die sie eigentlich hätte für sich behalten müssen. Aber nun war es raus und sie konnte es nicht mehr ändern. »Und von wem? Von Leuten, die großes Interesse an dem Gamehouse haben!«

»Das … das … gibt's doch gar nicht!« Flo war sichtlich entsetzt. »Kann man denn gar nichts tun?«

»Nein!«, sagte Leo, während Joanna allmählich ein Licht aufging.

»Moment mal!«, sagte sie. »Ich weiß, wieso du ständig deine Meinung gewechselt hast: Du bist verknallt in Sandra, stimmt's?«

Flo schnappte nach Luft und wurde knallrot im Gesicht. »Ich … ich …!«

Joanna grinste breit. »Na klar bist du das! Du wolltest in ihrer Nähe sein. Nur als Sandra sich wieder zurückbesann, hast du ein bisschen blöd dagestanden. Immerhin hattest du dich ja zuvor ihr zuliebe so sehr fürs Gamehouse eingesetzt!«

Flo senkte den Blick, glotzte auf seine Schuhspitzen und – sagte nichts.

Damit war klar: Joanna hatte den Nagel auf den Kopf getroffen.

»Ich glaub's nicht!«, rief Joanna.

Inzwischen war auch Brenda bei ihnen angekommen, für die Joanna in Kurzform noch mal alles zusammenfasste.

»Und wennschon«, stammelte Flo. »Ist doch nichts dabei, wenn man ... na ja ... jemandem gefallen möchte.«

Dann hob er wieder den Kopf, um zum eigentlich wichtigen Thema zurückzukehren. »Aber jetzt ist sie entführt? Das ist ja furchtbar!«

»Du darfst es niemandem sagen!«, beschwor Joanna ihn. »Sonst ist sie in Gefahr. Wir müssen leider alle den Mund halten, obwohl wir einiges aufdecken könnten zum Gamehouse ...«

»Joanna!« Finn unterbrach sie. »Nicht noch mehr erzählen!«

Joanna kniff die Lippen zusammen. »Du hast recht. Tut mir leid, Flo. Mehr kann ich nicht sagen. Nur so viel: Morgen werden wir alle kein Wort in der Debatte sagen. Die Mehrheit wird für das Gamehouse stimmen. Nur so wird Sandra wieder freigelassen. Das haben sie wenigstens versprochen. Keine Ahnung, ob sie sich dran halten. Tja, so sieht's aus. Ein bisschen Bestechung, eine Entführung und heftige Erpressung, und schon bekommt man, was man will: das Gamehouse statt den Spielplatz. Und wir können nichts machen!«

Joanna wandte sich von ihm ab.

Flo wäre nun dran gewesen, aber ihm war der Appetit auf Eis vergangen. Bevor der Verkäufer ihn fragen konnte, trat Flo aus der Reihe und sah traurig den anderen hinterher, als sie das Café verließen.

Die vier gingen hinaus auf den Alex. Da die wenigen Sitzgelegenheiten, die es gab, besetzt waren und auch keinerlei Grünflächen angelegt waren, hockten die Kinder sich einfach auf die Steinplatten.

Finn schaute sich um und fragte sich, wieso dieser Platz eigentlich so bekannt war. In einem Wettbewerb für die hässlichsten

Plätze der Welt hätte er bestimmt gute Chancen auf einen Sieg. Vielleicht kam seine Berühmtheit nur dadurch, weil König Friedrich Wilhelm III. auf diesem Platz 1805 den russischen Zar Alexander I. empfangen hatte und ihm zu Ehren den alten Paradeplatz in Alexanderplatz umbenennen ließ. Aber wenigstens das Eis schmeckte gut.

»Wenn ich bloß wüsste, was wir tun könnten, um Sandra zu befreien!«, fing Joanna wieder an.

Doch Leo widersprach ihr sofort. »Wir Sandra befreien? Du spinnst wohl! Wir sind hier doch nicht in einem Kinderkrimi! Wir sind Kinder und können uns kaum mit echten kriminellen Banden anlegen.«

Joanna winkte ab. »Ich weiß, ich weiß! Trotzdem nervt es, dass wir nichts tun können!«

»Was macht der denn schon wieder hier?«, fragte Brenda.

Leo und Joanna hoben die Köpfe und sahen, wie Flo auf sie zukam.

Als Florian merkte, dass alle Blicke auf ihn gerichtet waren, blieb er kurz stehen. Aber von den vieren kam kein Zeichen, dass er verschwinden sollte. Es kam überhaupt keine Reaktion. Sie saßen nur da, knabberten an den Resten ihrer Eistüten und warteten ab, was Flo tun würde. Also fasste er sich ein Herz und ging weiter. Mit jedem Schritt etwas beherzter und entschlossener.

»Ich hoffe, die lassen Sandra morgen wirklich wieder frei. Wenn wir schon nichts tun können«, begann er mit leiser Stimme.

»Ja, Flo, das hoffen wir alle. Sonst noch was?«, antwortete Leo knapp.

»Na ja …«, sagte Flo vorsichtig. »Ich hab eben nachgedacht und … vielleicht hab ich eine Idee.«

»Eine Idee?« Joanna horchte auf. »Was denn für eine Idee?«

Flo sprach immer noch sehr zögerlich. Besonders überzeugt schien er von seiner eigenen Idee nicht zu sein.

»Eine Idee, wie man – vielleicht! – später die Abstimmung für ein Gamehouse rückgängig machen kann.«

Er blickte in vier erstaunte Gesichter.

»Im Nachhinein?«, fragte Brenda. »Ich dachte, das geht nicht.«

»Eigentlich nicht«, bestätigte Joanna.

»Die Entscheidung selbst wird ja auch nicht rückgängig gemacht«, erklärte Flo. »Nur, was wäre, wenn sie aus anderen Gründen gar nicht bauen können?«

Wieder vier fragende Gesichter.

»Wie meinst du das?«, fragte Finn. »Was können denn das für andere Gründe sein?«

»Umwelt!«, sagte Flo.

Er hielt den anderen einen Zeitungsartikel entgegen, den er mit seinem Smartphone aufgerufen hatte, den Tagesspiegel vom 16. Februar 2015. Dort stand:

Berliner Bauvorhaben: Wie viel Naturschutz muss sein?

Seltene Käfer, Echsen, Fledermäuse und andere Lebewesen behindern immer öfter Bauprojekte in der Stadt und kommen den Stadtplanern in die Quere.

»Im Artikel sind mehrere Bauten aufgeführt, die verschoben oder aufgegeben werden mussten wegen solcher Tiere«, referierte Flo. »Was nun, wenn auf dem Grundstück, auf dem das Gamehouse gebaut werden soll, plötzlich solche Tiere auftauchen? Kröten, Eidechsen, vielleicht sogar Fledermäuse?«

Leo und Finn winkten sofort ab.

»Na, das wäre aber ein schöner Zufall, wenn man da jetzt solche Tiere finden würde!«, sagte Leo.

Finn stimmte ihm lachend zu.

Doch Flo präzisierte: »Es sei denn, jemand sorgt dafür, dass man sie dort findet. Wir zum Beispiel.«

Brenda und Joanna horchten auf. »Du meinst, wir sollen die Tiere aussetzen?«

»Umsiedeln und ansiedeln«, sagte Flo. »Ich meine, um bauen zu können, machen die das hier auch.« Er tippte nochmals auf den Artikel im Smartphone. »Kröten, Echsen, Fledermäuse werden meist umgesiedelt, damit man weiterbauen kann. Wir machen es eben umgekehrt!«

»Das geht?«, fragte Joanna.

»Schon«, sagte Brenda. »Aber wir können so etwas nicht. Woher sollen wir die Tiere nehmen? Und dann sie fachgerecht umsiedeln. Also ich kann so etwas nicht.«

»Aber mein Vater!«, behauptete Flo. »Er hat eine Zoohandlung in Potsdam und kennt sich aus. Und vielleicht findet man Verbündete bei irgendeinem Naturschutzverein? Hat jemand von euch Verbindungen dorthin?«

Alle schüttelten die Köpfe.

Bis auf Joanna.

»Wie wäre es denn mit Sandras Vater? Der kennt als Politiker bestimmt einige Naturschützer. Und die müssten doch Interesse daran haben, ein neues Naturschutzgebiet einzurichten, statt dem Bau eines Einkaufszentrums zuzusehen. Und außerdem ist Sandras Vater seiner Tochter noch etwas schuldig dafür, dass er sie so tief in den Korruptionsskandal verwickelt hat!«

»Ganz erlaubt ist das bestimmt nicht«, wandte Finn ein.

156

»Ach?«, brauste Joanna auf. »Aber uns Kinderparlamentarier bestechen, Sandras Vater verprügeln und Sandra entführen, das ist legal, oder wie?«

»Schon gut, schon gut!«, beschwichtigte Finn.

»Also los, Leute! Machen wir uns an die Arbeit. Flo fragt seinen Vater und wir Sandras Vater. Und dann können wir morgen in Ruhe der manipulierten Abstimmung beiwohnen.«

»Okay!«

Alle fünf schlugen ein. So wollten sie es machen.

Kröten schlucken

Mitten in der Nacht schreckte Joanna hoch. Sie hatte eine Idee. Sofort sprang sie auf, wollte ihr Notebook hervorholen, entschied sich dann aber doch für Papierblock und Kugelschreiber. Bevor sie anfing, ihre Idee zu notieren und ihre Rede grundlegend neu zu schreiben, warf sie noch einen Blick auf Sandras leeres Bett. Nein, sie würden sie nicht gefährden. Aber sie wollte auch nicht untätig herumsitzen, Däumchen drehen und hoffen, dass die Erpresser Sandra in Ruhe ließen.

Flos Plan war gut und schön, und sie hoffte, dass er aufgehen würde. Noch am Abend hatte Flo mit seinem Vater lange telefoniert, bis der ihm Unterstützung zugesagt hatte. Und sogar Sandras Vater hatten sie eingeweiht und er hatte Einverständnis signalisiert. Allerdings wollte er sich erst näher zu der ganzen Sache äußern, wenn Sandra wieder wohlbehalten zurück war. Das konnte Joanna verstehen. Aber sie selbst konnte etwas tun, um Flos Plan zum Erfolg zu verhelfen und Sandra zu befreien.

Joanna schrieb so eifrig an ihrer Rede, dass ihr nach einer halben Stunde schon die Hand wehtat. Doch darauf achtete sie nicht weiter. Mitten in der Nacht war sie fertig. Egal. Sie musste mit den anderen besprechen, was sie vorhatte. Mit einer What'sApp-Nachricht informierte sie alle, in der Hoffnung, dass niemand im Schlaf den Piepton der ankommenden Nachricht überhörte:

```
Kommt alle in mein Zimmer.
Ich hab eine Idee!
```

Schon nach wenigen Minuten kamen die ersten Antworten.

```
»Jetzt?«,
```

fragte Finn.

```
»Okay! Bin gleich da«,
```

teilte Brenda mit.

```
»Was Neues von Sandra?«,
```

kam es von Flo.

Eine Viertelstunde später saßen sie alle wieder in Joannas Zimmer zusammen.

»Jetzt bin ich aber mal gespannt«, maulte Finn. »Uns mitten in der Nacht zu wecken! Das muss schon eine brillante Idee sein, sonst knallt's!«

»Ja, ja!«, wiegelte Joanna ab. »Jetzt krieg dich mal wieder ein!« Sie hielt ihren eng beschriebenen Block in die Höhe. »Ich habe meine Rede umgeschrieben.«

Flo, Brenda, Finn und Leo sagten nichts.

»In dieser Rede trete ich vehement für das Gamehouse ein«, verkündete Joanna.

»Hä?«, raunzte Finn.

»Und dafür weckst du uns?«, muffelte Leo.

Flo kräuselte nur die Stirn und Brenda fragte: »Das ist jetzt ein Scherz, oder?«

»Ein Scherz nicht, aber ein Trick!«, antwortete Joanna mit verschmitztem Blick. »Ich erkläre es euch und ihr müsst alle mitmachen. So können wir das Gamehouse verhindern und Sandra retten!«

»Na, jetzt bin ich aber gespannt!«, sagte Finn.

»Kannst du auch!«, versprach Joanna.

Den Tag der Abstimmung eröffnete Frau Krauth-Sauer so, wie Joanna es schon befürchtet hatte. Sie lobte alle Teilnehmer für ihr »großes Engagement« und die »tollen kontroversen Debatten«, die geführt worden waren.

»Die hat aber auch gar nichts mitbekommen, oder?«, nörgelte Joanna.

Auch Brenda hatte nur ein bitteres Lächeln für die Projektleiterin übrig.

»Toll kontrovers!«, wiederholte sie. »Sandra sitzt noch in irgendeinem Kellerloch und Frau Krauth-Sauer lobt die Diskussionskultur. Also wirklich!«

»Nachdem ihr nun lange diskutiert und alle Argumente ausgetauscht habt, kommen wir heute zu den letzten Redebeiträgen und anschließend zur Abstimmung«, verkündete Frau Krauth-Sauer. »Wie alle echten Abgeordneten auch seid ihr nur eurem Gewissen verpflichtet. Vergesst das nicht!«

»Ha! Nur unserem Gewissen«, schimpfte Joanna leise vor sich hin. »Dass ich nicht lache!«

»Als nächste Rednerin ist Joanna dran. Bitte, Joanna!«

Joanna erhob sich und fühlte nun doch ein flaues Gefühl im Magen. Noch einmal schaute sie sich möglichst unauffällig um. Sie wollte sichergehen, dass jeder ihrer Freunde auf seinem Posten war, so wie sie es in der Nacht besprochen hatten. Flo saß bereits im Plenum. Brenda belegte den Platz neben ihr und klopfte ihr aufmunternd auf die Schulter. »Wir werden es schaffen!«

Leo hatte sich oben an den Ausgängen der Besuchertribüne postiert. Finn lungerte unten in den Sitzreihen, wechselte immer mal den Platz und tat so, als müsste er hier und da etwas regeln. In Wahrheit aber hielt er nur die Zuschauertribüne im Auge. Wie Joanna vermutet hatte, hockten oben die beiden Männer, die sie schon mal verfolgt und bedroht hatten. Joanna wusste: Ein falsches Wort, und Sandra würde es zu bereuen haben.

Mit weichen Knien schlich Joanna nach vorn zum Rednerpult, leierte die förmliche Begrüßung herunter und begann dann in ihrer neuen Rede gleich mit dem Paukenschlag: »Liebe Kinder, ihr alle habt mich in den vergangenen Tagen als glühende Verfechterin für den Abenteuerspielplatz kennengelernt. Ich möchte euch sagen, heute werde ich für das Gamehouse stimmen.«

Raunen im Saal. Joanna sah in die erstaunten Gesichter nicht nur von Jacqueline, Rabia und Maike. Selbst Egmont hob interessiert die Augenbrauen. Joanna war sich der Aufmerksamkeit des gesamten Plenums sicher.

»Viele Argumente sind in den verschiedenen Beiträgen vorgetragen worden. Selbst mein Bruder wies immer wieder auf die Vorteile des Gamehouse hin, obwohl er immer dafür war, beides zu bauen. Aber ich glaube, zwei halbherzige, zu kleine Modelle sind schlechter als ein großes, gutes.«

Zögerlicher Beifall von den Kinderparlamentariern. So recht traute noch niemand dem Braten. Die letzten verbliebenen fünf

Kinder, die noch für den Spielplatz waren, verschränkten die Arme und lehnten sich beleidigt zurück.

»Ich habe mich auch draußen bei den Berliner Kindern umgehört und viel Lob erfahren für die Planung eines Gamehouse.«

Beifall von den Rängen. Plötzlich meldete sich Flo, und Frau Krauth-Sauer fragte Joanna, ob sie eine Zwischenfrage gestattete.

»Selbstverständlich!«, sagte Joanna.

Nun kam Flos Teil des Plans.

»Wie alle wissen, bin ich auch für das Gamehouse«, begann Flo. »Nun habe ich aber gehört, dass auf der geplanten Baufläche eine seltene Krötenart entdeckt wurde.«

Flo nahm ein paar Fotos vom Tisch und hielt sie in die Höhe. Joanna wusste, dass auf ihnen die seltenen Kröten zu sehen waren. Noch am Morgen um sieben Uhr hatte Flo seinen Vater angerufen und gebeten, ein paar Kröten in seiner Zoohandlung zu fotografieren. Sein Vater hatte die Ausdrucke mit einem Kurier zu Flo in den Bundestag schicken lassen.

»Ich habe hier ein paar Fotos«, sagte Flo. »Und ich weiß auch, dass bereits einige Umweltschutzverbände Proteste gegen die Bebauung des Geländes einlegen wollen. Meine Frage nun: Wie sinnvoll ist es, hier über etwas abzustimmen, das sowieso nie realisiert werden kann?«

Geraune im Plenum.

»Baustopp wegen Kröten?«, rief jemand dazwischen.

Frau Krauth-Sauer wirkte irritiert. Aber die Frage war ja zunächst an Joanna gerichtet.

»Ja, also …«, Joanna tat erstaunt. »Ich muss eingestehen, davon habe ich auch gehört. Ich dachte nicht, dass es so wichtig wäre. Aber jetzt, wo du es ansprichst, Flo. Ich weiß nicht …«

Joannas Blick huschte hinauf zur Zuschauertribüne. Die beiden Erpresser wurden unruhig.

Nun meldete sich Brenda zu Wort. Sie zitierte aus dem Zeitungsartikel, den Flo ihnen gezeigt hatte, und fügte an: »Also, es könnte schon gut sein, dass das gesamte Bauvorhaben gestoppt wird, wenn sich das mit den Kröten bewahrheitet.«

»Tja«, sagte Joanna am Rednerpult. »Ich bin ja sehr für das Gamehouse und möchte all die Argumente, die gefallen sind, nicht wiederholen. Wir können doch einfach für das Gamehouse stimmen und die Einwände ignorieren. Sie sind ja auch noch gar nicht bestätigt.«

Jetzt sprang Egmont auf und bat ums Wort. Er bekam es, auch weil Frau Krauth-Sauer die Kontrolle über die Diskussion entglitt. Es ging schon längst nicht mehr um Zwischenfragen.

»Wir können doch nicht über etwas abstimmen, wenn uns die Behörden hinterher einen Strich durch die Rechnung machen!«, beschwerte er sich. »Das wäre mal wieder ein typisches Nicht-Ernstnehmen des Kinderparlaments. Und zwar zu Recht. Wir müssen gewissenhaft alle Einwände und Hindernisse prüfen, bevor wir unser Votum abgeben!«, plädierte er. Genauso wie Brenda es ihm in einem Vier-Augen-Gespräch kurz vor der Sitzung nahegelegt hatte. »Ich beantrage: Vertagung der Entscheidung, bis Klarheit darüber herrscht, ob das Projekt überhaupt realisierbar ist!«

Egmont erhielt großen Beifall aus dem Plenum. Von den echten Befürwortern des Gamehouse, weil die sich ihr Projekt nicht kaputt machen lassen wollten wegen ein paar Kröten. Von denen, die sich hatten bestechen lassen, weil sie glaubten, bei der nächsten Abstimmung würden sie nochmals reiche Ernte einfahren. Und von den verbliebenen Spielplatz-Befürwortern, weil sie hofften, bis dahin neue Mehrheiten organisieren zu können.

Kurzum: Frau Krauth-Sauer ließ abstimmen und neunzig Prozent votierten für eine Vertagung der Entscheidung.

Joannas Plan war aufgegangen.

Oben auf der Zuschauertribüne sprangen die beiden Erpresser auf und verließen eilig das Bundestags-Gebäude. Finn und Leo hefteten sich an ihre Fersen.

Auch das hatte Joanna in der Nacht penibel vorbereitet. Dazu hatte sie die drei Mode-Mädels nochmals mitten in der Nacht in deren Zimmer aufgesucht. Rabia, Jacqueline und Maike hatten entsprechend genervt reagiert. Doch Joanna war es gelungen, ihnen ins Gewissen zu reden. »Wenn ihr irgendetwas dazu beitragen könnt, Sandra zu retten, dann müsst ihr es tun!«

»Was sollen wir denn tun?«, hatte Maike misstrauisch nachgehakt.

»Eine von euch muss ihr neues Smartphone opfern!«, hatte Joanna gefordert und entsprechenden Protest hervorgerufen. Doch sie blieb hart. »Habt ihr es immer noch nicht begriffen? Sandra wurde entführt und vielleicht tun die Entführer ihr was an. Also bitte: Sandras Leben und Gesundheit ist ja wohl mehr wert als eure Smartphones!«

Nach kurzer, aber heftiger Debatte hatte Rabia sich bereit erklärt, ihr Gerät zu opfern. Obwohl sie immer noch nicht begriffen hatte, was ihr Smartphone mit Sandras Rettung zu tun haben sollte. Jetzt, im Plenarsaal, wusste sie es.

Joanna zwinkerte ihr zu und Rabia eilte los. Sie verließ den Saal, lief die Treppen hinauf zum Ausgang der Zuschauertribüne und kam gerade rechtzeitig. Absichtlich stellte sie sich den beiden Erpressern in den Weg und hielt ihnen das Smartphone entgegen.

»Mein Vater hat gesagt, ich darf es nicht annehmen«, sagte Rabia im Tonfall eines kleinen unschuldigen Mädchens und bemühte sich, ein möglichst gebrochenes Deutsch zu sprechen. Das fiel ihr gar nicht so leicht, weil sie in Deutschland geboren war. Eigentlich war Türkisch für sie eine schwierige Fremdsprache.

»Mädchen, wir haben jetzt keine Zeit!«, blaffte einer der beiden Männer.

»Ihr müsst es zurücknehmen!«, jammerte Rabia. »Mein Vater hat es gesagt. Und meine Brüder und mein Onkel werden prüfen, ob ich es zurückgegeben habe!«

»Jetzt nicht!«, schimpfte der Mann.

»Wenn ihr es nicht nehmt, bekomme nicht nur ich Ärger …!« Sie schaute die Männer vielsagend an und wiederholte: »… meine Brüder, mein Onkel, meine Cousins wollen wissen, ob Sie das Smartphone zurückgenommen haben …«

Die beiden Männer sahen sich unsicher an.

Rabia wusste, dass ihr Trick funktionieren würde. Zu tief saßen die Vorurteile gegenüber türkischen Familien. Zu oft hatten Rabia und ihre Eltern und Geschwister schon erlebt, dass man sie für kriminell hielt. Besonders weil ihr Vater weder einen Gemüsenoch einen Döner-Imbiss besaß, sondern von Beruf Juwelier war. Da glaubte ohnehin jeder, er wäre in illegale Diamantengeschäfte verwickelt. Zum ersten Mal versuchte Rabia, dieses Vorurteil zu ihren Gunsten zu nutzen.

»Okay!«, seufzte einer der Männer. »Gib her!«

Er steckte das Smartphone ein und hastete mit seinem Kumpan hinaus. Kurz darauf tauchten Finn und Leo auf.

»Gut gemacht, Rabia! Und danke!«, sagte Finn, während Leo Joannas Notebook öffnete und die Software startete, die normalerweise überängstliche Eltern auf ihre Computer und die Smartphones ihrer Kinder installierten. Damit ließ sich der Aufenthaltsort der Kinder auf wenige Meter genau verfolgen.

Nach Joannas Plan würden die beiden Männer nun nicht nur Kontakt zu ihrem Boss aufnehmen und ihm die neue Lage schildern, sondern hoffentlich auch Sandra in ihrem Versteck aufsuchen. Und mit ihnen Rabias eingeschaltetes Handy mit der Kinder-Überwachungssoftware. Bestimmt waren die Männer zu nervös, als dass sie auf das zurückgegebene Handy eines Kindes achten würden.

»Ich hab sie geortet!«, verkündete Leo.

Finn rief mit seinem Handy Joanna an, die unten im Plenarsaal wieder ihren Platz eingenommen hatte.

»Gut«, sagte Joanna. »Dann los! Hier haben wir nichts mehr zu tun. Die Entscheidung wurde vertagt. Wir treffen uns draußen!«

Während sie hinauslief, um sich mit den anderen zu treffen, überlegte Joanna, ob es nicht schlauer wäre, die Polizei zu verständigen. Aber sie erinnerte sich an die Warnungen, die Sandras Vater ausgesprochen hatte: Sie sollten ja nichts unternehmen, es niemandem sagen und auf keinen Fall die Polizei einschalten. Aber was blieb dann? Nur auf die Gutmütigkeit der Gangster zu hoffen, dass sie Sandra unversehrt freilassen würden?

Das war viel zu riskant. Womöglich hatte Sandra die Gesichter der Entführer erkannt. Sie konnte sie anzeigen. Und das war ein guter Grund für die Entführer, Sandra nicht mehr freizulassen. Nein, sie mussten etwas tun!

»Mein Vorschlag: Wir fahren zweigleisig!«, verkündete Joanna den anderen, als sie sich vor dem Eingang trafen. »Leo, hast du unsere Täter noch auf dem Schirm?«

»Ja«, antwortete Leo. Er hielt das offene Notebook in der Hand und verfolgte den roten Punkt, den Rabias Handy markierte. »Sie fahren die B5 hoch, Richtung Prenzlauer Berg. Sie sind ziemlich schnell, also sind sie mit dem Auto oder Motorrad unterwegs.«

»Hoffen wir mal, dass sie uns zu Sandra führen!«, sagte Joanna. »Brenda und Flo, geht ihr zur Security hier im Haus und berichtet denen alles. Das ist unauffälliger, als wenn wir die Polizei informieren. Die Sicherheitsleute hier im Bundestag sind bestimmt gut genug ausgebildet, um zu wissen, was zu tun ist. Leo, Finn und ich versuchen, den Tätern auf den Fersen zu bleiben!«

Brenda und Flo waren einverstanden und so machte sich Joanna mit den beiden anderen auf den Weg.

»Wir sollten noch ein wenig abwarten«, riet Leo, »damit wir sehen, wo wir hinmüssen, und vor allem, wie wir am besten dort hinkommen.«

»Okay!«, sagte Joanna und schaute gemeinsam mit Finn auf den Monitor.

Leo verfolgte den Punkt mit dem Finger. »Wenn sie in der Schönhauser Allee anhalten, können wir die Straßenbahn M 10 vom Hauptbahnhof aus nehmen und von der anderen Seite nach Prenzlauer Berg fahren.«

»Dann lass uns schon mal zur Station gehen!«, schlug Joanna vor.

Leo behielt recht. Der Punkt blieb in der Schönhauser Allee stehen. Als die Kinder in die Straßenbahn einstiegen, hatten sie noch eine halbe Stunde Fahrt vor sich.

»Hoffentlich sind die nicht schon wieder weg, wenn wir da sind«, sagte Finn.

»Wo sind die Entführer eigentlich jetzt?«, fragte Joanna. »Was ist dort?«

Leo zog die Schultern hoch. »Das kann ich auf dem Bildschirm nicht genau sehen. Da stehen nur die Straßennamen. Der Punkt steht aber noch immer still, und zwar an der Schönhauser Allee 36.«

Leo wollte auf dem Laptop nicht auf Street View umschalten, um den Punkt nicht aus den Augen zu verlieren. Also beschlossen sie, sich vor Ort umzusehen. Sie gaben lediglich Brenda und Flo Bescheid, wo die Täter sich aufhielten. Dann konnten sie die Security informieren. Aber was war, wenn Sandra gar nicht beim Treffpunkt war und die Security oder die Polizei umsonst kommen würde? Joanna wollte nicht dran denken und kaute wieder nervös auf ihrer Unterlippe.

Als sie endlich in der Schönhauser Allee 36 angekommen waren, staunten sie nicht schlecht: Sie standen vor einem Brauhaus.

Schultheiss Brauerei

war in großen Buchstaben auf dem alten Gebäudekomplex zu lesen. Das kaputte U ließ allerdings darauf schließen, dass die Brauerei nicht mehr im Betrieb war. Direkt neben dem Haupteingang führte ein Ausgang aus einer Tiefgarage.

»Bist du sicher, dass wir hier richtig sind?«, fragte Joanna.

Leo zeigte auf den Bildschirm seines Laptops. »Der Punkt ist immer noch hier. Wenn ich es richtig deute, sind die Täter in diesem Gebäude!«

»Oh Mann!«, stöhnte Finn. »Das ist doch ein riesiger Kasten. Wie sollen wir sie dort finden?«

»Einfach dem Punkt folgen«, sagte Leo. »Ich kann die Karte vergrößern, dann haben wir mehr Details. Zwar wird kein Grundriss von dem Gebäude angezeigt. Aber ich denke, wir können erkennen, ob wir uns auf den Punkt zu- oder von ihm wegbewegen.«

»Also gut!«, sagte Joanna. »Und wo geht's lang?«

»Ich würde sagen, in die Tiefgarage!«

Langsam, Schritt für Schritt, führte Leo sie durch die parkenden Wagen in der Tiefgarage. Aus einer Tür heraus, über verschiedene Treppen und Gänge.

»Was ist das hier für ein unterirdisches Labyrinth?«, fragte Joanna.

»Wusstet ihr, dass untergäriges Bier kälter gelagert werden muss als obergäriges?«, fragte Finn.

»Hä?«, fragte Joanna. »Willst du uns jetzt ernsthaft etwas übers Bierbrauen erzählen?«

»Ich hab gerade mal im Netz nachgeschaut«, antwortete Finn. »Um dieses Bier zu brauen, braucht man ungefähr 4 Grad Lagertemperatur. Bloß: Damals, also so um 1850 herum, hatte man keine Kühlschränke. Und wo fand man so niedrige Temperaturen?«

»Unter der Erde!«, antwortete Leo.

»Richtig!«, sagte Finn. »Und deshalb gibt es hier einige alte Kellergewölbe. Hier wird aber längst kein Bier mehr gelagert. Heute heißt das Gebäude Kulturbrauerei. Es gibt Ateliers und Theatersäle und es finden kulturelle Veranstaltungen statt. Im Dezember ist im Innenhof ein Weihnachtsmarkt und man kann Führungen durch die unterirdischen Gänge mitmachen.«

»Und bestimmt gibt es hier den einen oder anderen kleinen Kellerraum, der weder benutzt noch besucht wird und in dem man gut einen Menschen verstecken kann!«, kombinierte Leo.

»Das denke ich auch!«, bestätigte ihm Finn.

Joanna klopfte ihm anerkennend auf die Schulter. »Gut gemacht, Brüderchen!«

»Hier rechtsherum!«, sagte Leo.

Joanna blieb stehen. »Pst. Habt ihr das auch gehört? Da war ein Geräusch!«

Die drei blieben mucksmäuschenstill stehen und lauschten. War das etwa Sandra, die um Hilfe rief? Oder war nur eine Besuchergruppe unterwegs?

»Da!«

Leo zeigte in die Richtung, aus der sie gekommen waren. Am Ende des langen Ganges kamen gerade die zwei Kriminellen um die Ecke. Als sie die Kinder sahen, blieben sie verdutzt stehen.

»Verdammt!«, fluchte Joanna. »Nichts wie weg von hier!«

Leo, Finn und Joanna sprinteten los, während die beiden Typen ihren Schrecken überwanden und ihnen hinterherliefen.

»Wohin?«, fragte Leo.

»Raus auf die Straße, unter Menschen!«, antwortete Joanna. »Schnell!«

»Links- oder rechtsherum?«, fragte Leo.

Vor ihnen erschien eine Kreuzung, und er konnte sich nicht erinnern, von wo sie gekommen waren. Joanna auch nicht.

»Mist! Finn, weißt du, wo's langgeht?«

Sie schaute nach ihrem Bruder und traute ihren Augen nicht. Der tippte seelenruhig auf seinem Handy herum.

»FINN!«, schrie sie ihren Bruder an. »Was tust du da? Welchen Weg sind wir gekommen?«

»Ich hab Brenda und Flo informiert, wo wir stecken«, antwortete Finn. »Was hast du gefragt?«

»Welchen Weg, verdammt!«, brüllte Joanna.

Die zwei Entführer kamen immer näher.

»Äh!«, stotterte Finn. »Links, glaube ich.«

Joanna wollte losrennen.

»Nee, doch rechts!«, korrigierte Finn.

»FINN!«, schrie Joanna.

Jetzt rannten die drei los, in den rechten Weg hinein. Die beiden Täter hatten sie bis auf wenige Meter eingeholt.

Dann, plötzlich, tauchte vor ihnen eine Wand auf.

»Sackgasse!«, erkannte Leo mit Entsetzen.

»Scheiße!«, fluchte Joanna. Und drehte sich um.

»Wir sind drei, die zu zweit. Einer kommt durch, okay?«

»Okay!«

»Okay!«

Dann stürmten sie mit lautem Gebrüll los. Leo auf den linken Mann zu, Finn auf den rechten. Joanna, die zufällig in der Mitte war, hatte für einen kurzen Moment den Weg durch die Mitte frei, den sie nutzte.

Leo und Finn zappelten, traten, bissen, kratzten und schrien, was das Zeug hielt. Das genügte zwar nicht, um die Männer zu überwältigen. Aber immerhin konnte so keiner der beiden Männer Joanna verfolgen.

»Lass sie!«, sagte einer der Männer zum anderen. »Wir müssen die beiden und das Mädchen hier wegbringen, sofort!«

Finn begriff, dass mit »dem Mädchen« nicht etwa seine Schwester, sondern Sandra gemeint war. Sie waren also auf der richtigen Spur! Wenn Brenda und Flo seinen Hilferuf bekommen hatten, waren sie vielleicht schon mit der Security hierher unterwegs. Sie mussten also Zeit gewinnen.

Die Männer zerrten die beiden Jungs mit sich. Doch Finn gab nicht auf. Er zappelte und trat weiter um sich. Leo ließ den Laptop fallen und machte es Finn nach. So kamen die Männer nur schwer voran. Nur zwei Gänge weiter waren sie bereits am Ziel. Sie öffneten eine schwere Holztür. Dahinter saß Sandra, verweint und zusammengekauert.

»Raus hier!«, brüllte einer der Männer sie an.

Sandra rührte sich nicht.

Der Mann ging in die kleine Kammer hinein. Dadurch konnte Finn sich losreißen und rannte los. Der Mann setzte ihm nach, während der andere auf Leo und Sandra aufpasste. Finn schlug Haken wie ein Kaninchen. Ein paarmal hatte der Mann ihn schon fast am Kragen erwischt. Doch Finn konnte ihm immer wieder entgleiten wie ein glitschiger Fisch dem Angler.

Finn raste um die nächste Ecke und knallte gegen jemanden, der mit einem lauten Stöhnen umkippte, gefolgt vom empörten Geschimpfe der anderen Umstehenden. Als Finn sich berappelt hatte, erkannte er sofort: eine Besuchergruppe! Seine Rettung!

Sein Verfolger erfasste die Situation ebenso schnell und lief einfach weg.

Finn erzählte, was geschehen war, allerdings so aufgeregt und schnell, dass er alles wiederholen musste. Endlich hatte die Besuchergruppe halbwegs kapiert, worum es ging, und folgte Finn. Als sie endlich bei Sandras Gefängnis eintrafen und den Mann mit den beiden Kindern in seiner Gewalt sahen, kamen oben am Haupteingang bereits Flo und Brenda mit der Security an.

Sandra war gerettet!

Noch am selben Nachmittag tauchte Sandra wohlbehalten zu Hause wieder auf. Und schon am nächsten Morgen traf sie sich mit Joanna, Finn, Brenda, Leo und Flo, wo sie sich ausführlich erzählen ließ, wie die fünf das Gamehouse verhindert und Sandra befreit hatten.

Nach einem ausführlichen Frühstück holte Flos Vater sie mit dem Auto ab, mit dem er fünf Erdkröten brachte. Ihre Behauptungen im Plenum mussten sie ja jetzt nachträglich noch mit Leben füllen. Gemeinsam fuhren sie auf das geplante Baugelände, machten die entsprechenden Fotos und übergaben sie Sandras Vater. Der hielt Wort und sprach mit einigen Umweltschützern, die die Fotos veröffentlichten und eine Anfrage an das Bauamt stellten.

Ende

PS: Einen Monat nach der letzten Kinderparlamentssitzung reichte Joannas und Finns Vater den beiden beim Abendessen die Tageszeitung. Auf der aufgeschlagenen Seite stand die Überschrift:

KEIN BAU AUF BRACHGELÄNDE DES BUNDESTAGS

In dem Artikel wurde ausführlich über das Kinderparlament und seine Entscheidung berichtet. Aber auch, dass die wahren Pläne für die Bebauung des Geländes ganz anders aussahen und dass ein vorläufiger Baustopp verfügt worden war. Es gab Auszüge aus den Dokumenten, die Joanna in Hartmanns Büro fotografiert hatte, und einige Fotos von den Kröten. Es war eine Arbeitsgruppe eingerichtet worden, die überlegte, was mit dem Brachgelände geschehen sollte. Unter anderem gab es den Vorschlag, einen kleinen Erholungspark oder ein Biotop einzurichten – für Kröten und Menschen.

»Tja«, sagte ihr Vater. »So wie es aussieht, hat die Easyshopping GmbH eine ganze Menge Kröten verloren!«

Finn und Joanna lachten.

»Die haben eben nicht mit so aufgeweckten Parlamentariern wie uns gerechnet. Oder, Finn?«, fragte Joanna.

»Klaro!«, sagte Finn und freute sich auf das Abendessen, das sie gemeinsam zubereitet hatten: Spaghetti Bolognese.

Kleines politisches Wörterbuch

Bundeskanzler
Der Chef der Regierung in Deutschland ist der Bundeskanzler.
Beim Regieren helfen ihm die 15 Bundesminister. Wenn ein →
Minister zu einem wichtigen Thema eine andere Meinung hat,
entscheidet der Bundeskanzler. Denn er ist verantwortlich dafür, was die Bundesregierung macht. Der Kanzler wird nicht von
den Menschen direkt gewählt, sondern von den Abgeordneten
des → Bundestages. Eine Amtszeit des Bundeskanzlers dauert in
der Regel vier Jahre. Sein Arbeitsplatz ist das Bundeskanzleramt
in Berlin, in der Nähe des Bundestages. Von dort lenkt er mit
seinen Ministern die Politik.

Bundesminister s. Minister

Bundespräsident
Der Bundespräsident ist das Staatsoberhaupt Deutschlands. Er
wird von der Bundesversammlung alle fünf Jahre gewählt. Eine
der wichtigsten Aufgaben des Bundespräsidenten ist das Repräsen-
tieren. Das heißt, er vertritt die Bundesrepublik Deutschland bei
wichtigen Veranstaltungen in Deutschland und im Ausland. Zum
Beispiel trifft er bei einem Staatsbesuch die Chefs anderer Länder.
Außerdem prüft und unterschreibt er alle neuen Gesetze. Und er
ernennt den → Bundeskanzler und die → Minister.

Bundesrat
Im Bundesrat sitzen Vertreter der 16 Bundesländer Deutschlands.
Sie vertreten u. a. die Interessen der Länder gegenüber der →
Bundesregierung: Wenn der → Bundestag ein Gesetz beschließt,

muss er es dem Bundesrat vorlegen. Der entscheidet dann, ob er mit dem Gesetz einverstanden ist oder es überarbeitet werden soll. Im Bundesrat sind 69 Politiker aus den Regierungen der Bundesländer. Länder mit vielen Einwohnern dürfen mehr Sprecher in den Bundesrat schicken. So hat Nordrhein-Westfalen sechs, der Stadtstaat Bremen nur drei Vertreter. Die einzelnen Regierungen der Bundesländer bestimmen selbst, welche Politiker sie in den Bundesrat schicken. Der jeweilige Ministerpräsident ist aber immer dabei. Er ist der Chef eines Bundeslandes.

Bundesregierung → Bundeskanzler, → Minister

Bundestag
In Deutschland können alle Bürger in der Politik mitbestimmen. Natürlich können sich nicht alle jeden Tag irgendwo treffen, um über Dinge zu entscheiden. Deswegen wählen wir Politiker als Vertreter. Sie heißen Abgeordnete und versammeln sich im → Reichstagsgebäude in Berlin. Diese Politiker-Versammlungen nennt man → Parlamente. Die 630 Abgeordneten im Bundestag gehören verschiedenen Parteien an, die im Plenarsaal jeweils als Fraktion zusammensitzen: CDU/CSU, SPD, Die Linke und Bündnis 90/Die Grünen. Der Bundestag hat viele wichtige Aufgaben. Die Abgeordneten wählen zum Beispiel den → Bundeskanzler. Sie entscheiden auch, wie viel Geld die Regierung ausgeben darf. Im Bundestag werden außerdem Gesetze beschlossen, die in ganz Deutschland gelten.

Demokratie
Das Wort Demokratie kommt aus dem Griechischen und bedeutet »Herrschaft des Volkes«. Das heißt, jeder Bürger hat die gleichen Rechte und auch Pflichten, in der Politik mitzubestimmen.

Wir können unsere Meinung sagen, uns informieren und uns mit anderen treffen und diskutieren. Deshalb dürfen die Bürger bei den Bundestagswahlen auch bestimmen, von welchen Politikern und → Parteien sie regiert werden wollen.

Kabinett

Der Begriff Kabinett kommt aus der französischen Sprache. Er bedeutet »Nebenzimmer«. Im 18. Jahrhundert trafen sich Fürsten mit ihren Beratern in solchen Zimmern, um Politik zu machen. In Deutschland bezeichnet man heute die → Bundesregierung als Kabinett. Dazu zählen die → Bundeskanzlerin und ihre →Minister.

Kinderkommission

Wenn sich die Politiker im → Bundestag zu Parlamentssitzungen treffen, dürfen alle Bürger ab 15 Jahren auf den Zuschauertribünen zuhören. Wählen darf man aber erst mit 18 Jahren. Damit Kinder und Jugendliche nicht zu kurz kommen, gibt es im Bundestag eine Kinderkommission. Das sind fünf Politiker, einer aus jeder → Partei im Bundestag. Sie achten darauf, dass die Gesetze gut für Kinder und ihre Familien sind.

Lesung

Bevor der → Bundestag ein Gesetz beschließt, beraten die Abgeordneten drei Mal und stimmen jedes Mal ab. Diese drei Durchgänge heißen Lesungen. Bei der ersten Lesung stellt ein Politiker eine Idee für ein Gesetz, also einen Gesetzentwurf, vor. Dann können die Abgeordneten ihre Meinung dazu sagen. Das Gesetz wird außerdem in einem Ausschuss diskutiert, der von Fachleuten beraten wird. Es kann sein, dass der Ausschuss das Gesetz korrigiert. In der zweiten und dritten Lesung wird dann über das erneuerte Gesetz beraten und abgestimmt.

Mandat

Mandat bedeutet »Auftrag«. Wenn die Bürgerinnen und Bürger bei der Bundestagswahl Abgeordnete wählen, bekommen diese ein Mandat. Das heißt, die Wähler geben den Abgeordneten den Auftrag, sich für die Interessen der Menschen einzusetzen.

Minister

Der Begriff Minister kommt aus dem Lateinischen und bedeutet »Diener«. Die Bundesminister sitzen in der → Bundesregierung und sind die wichtigsten Mitarbeiter des → Bundeskanzlers. Zusammen sind sie das Team, das Deutschland regiert. Zurzeit gibt es 15 Bundesminister. Sie kümmern sich um Dinge, die das ganze Land betreffen. Jeder hat sein Fachgebiet, auch Ressort genannt: z. B. Umwelt-, Familien- oder Verkehrspolitik. Die Minister sorgen dafür, dass in diesen Bereichen alles so gemacht wird, wie es das → Parlament beschlossen hat. Außerdem dürfen sie neue Gesetze vorschlagen und im → Bundestag vorstellen.

Parlament → Bundestag

Partei

Eine Partei ist eine Gruppe von Leuten, die die gleiche politische Meinung haben. Die politischen Ideen einer Partei stehen im Parteiprogramm. Das Parteiprogramm kann jeder lesen und sich dann überlegen, ob er die Partei bei der nächsten Bundestagswahl wählt oder nicht. Wer möchte, kann Mitglied der Partei werden. In Deutschland gibt es verschiedene Parteien. Die größten und bekanntesten sind im → Bundestag vertreten. Außer diesen Parteien gibt es noch viele kleine Parteien, die nicht im Bundestag vertreten sind.

Regierung → Bundeskanzler, → Minister

Regierungsviertel
Das Regierungsviertel ist das Gebiet in Berlin, auf dem die wichtigsten Gebäude der Politik ihren Platz haben. Dazu gehören das → Reichstagsgebäude, in dem der → Bundestag sitzt, das Bundeskanzleramt und Bürogebäude mit Sitzungssälen, Abgeordnetenbüros und einer Bibliothek. Es gibt auch einen Kanzlerpark mit Hubschrauberlandeplatz. Das Regierungsviertel liegt in den Berliner Ortsteilen Tiergarten und Mitte und ist 220.000 m² groß. Das entspricht etwa 30 Fußballplätzen.

Reichstagsgebäude
Das Reichstagsgebäude am Platz der Republik in Berlin ist über hundert Jahre alt. Es wurde für den Reichstag des Deutschen Kaiserreichs gebaut. Ab 1919 tagte hier auch der Reichstag der Weimarer Republik. Im Februar 1933 gab es einen Brand im Reichstagsgebäude, bei dem u. a. der Plenarsaal abbrannte. Wer den Brand gelegt hat, ist bis heute unklar. Adolf Hitler nutzte den Vorfall, um härtere Gesetze zu erlassen und politische Gegner zu verhaften. Seit 1990, also seit Deutschland wiedervereinigt ist, treffen sich im Reichstagsgebäude die Abgeordneten des Deutschen → Bundestags zu ihren Parlamentssitzungen.

Senat
Das Wort Senat kommt aus dem Lateinischen und bedeutet »Ältestenrat«. Im alten Griechenland oder dem alten Rom galten ältere Menschen als weise und waren als Senatoren oft Berater des Königs. Heute ist in manchen Ländern der Senat ein Teil des → Parlaments. In Deutschland heißen die Regierungen der Stadtstaaten Senat. Das sind Berlin, Hamburg und Bremen.

Staatssekretär

Der → Bundeskanzler und die Bundesminister arbeiten nicht alleine. Sie haben Mitarbeiter, die Informationen für sie sammeln und ihnen bei den Regierungsaufgaben helfen. Die Staatssekretäre bereiten beispielsweise die Sitzungen des → Kabinetts vor und sorgen als Chefs der Ministerien dafür, dass die Entscheidungen der → Minister ausgeführt werden.

Kleines Wörterbuch des Berliner Dialekts

Kulinarisches

Beamtenstippe	Hackfleischsoße
Berliner Luft	Dessertcreme mit Himbeersoße
Berliner Weiße	Bier mit Waldmeister- oder Himbeersirup
Brühpulla	Bockwurst
Bulette	Frikadelle
Eisbeen	Eisbein
Falscher Hase	Hackbraten
Fassbrause	Limonade aus Malz-, Frucht- und Kräuterextrakten
Hackepeter	rohes Hackfleisch mit Gewürzen und Zwiebeln
Joldbroiler	Hähnchen
Löffelerbsen	Erbsensuppe
Mostrich-Eier	Eier in Senfsoße mit Kartoffeln
Pfannkuchen	Berliner
Schnitte	Scheibe Brot
Schrippe	Brötchen
Schusterjunge	Roggenbrötchen
Splitterbrötchen	süßes Brötchen aus Plunderteig
Strammer Max	Scheibe Mischbrot mit Schinken und Ei
Stulle	belegtes Brot
Teltower Rübchen	Rübenart, die in Teltow angebaut wird
Tote Oma	gebratene Blutwurst

Sprüche

Allet in Butta!	Alles in Ordnung!
Auwacka, dit is 'n Ding!	Auweia!
Bring ma nich in de Bredullje!	Mach mir keine Schwierigkeiten!
Da kiekste, wa?	Da guckst du, was?
Da stiefelste durch de janze Botanik.	Da wanderst du durch eine schöne Landschaft.
Der hat wat uff'a Fanne.	Der kann was.
Dit find ick schau!	Das finde ich gut!
Dit is amtlich!	Keine Widerrede!
Dit is der Clou von dit Janze.	Das ist das Beste vom Ganzen.
Dit ist dufte/knorke!	Das ist toll!
Ick mach 'n Abjang!	Tschüss!
Ick wird dir wat husten!	Ich denke nicht daran!
Juti!	Alles klar, bis später!
Kann ma nich meckern!	Das ist super!
Mach keen Heckmeck!	Mach keinen Quatsch!
Mach ma keene Fisimatenten!	Mach keinen Blödsinn!
Nu mach nich so 'n Jewese!	Reg dich nicht so auf!
Nüscht für unjut!	Nichts für ungut!
Nüscht wie hin!	Nichts wie hin!
Olle Ihmchen hat jesacht …	Der oder die hat gesagt …
Ran an de Buletten!	Los geht's!

Verschiedenes

Atze	Bruder, Freund
belatschan	überreden
Besuchsbesen	Blumenstrauß
Fleez	rücksichtsloser Mensch
Flitzpiepe	Quatschkopf
Flosse	Hand
Fritze	Verkäufer
Jöre	freches Mädchen
junget Jemüse	Jugendliche
jwd	janz weit draußen
kleen	klein
knülle sein	erschöpft sein
koddrige Schnauze	loses Mundwerk
meene Kleene	Tochter, Freundin
Mischpoke	Verwandtschaft
mittenmang	mittendrin
Plauze	Bauch
quatschen	mit jemandem reden
Ratzefummel	Radiergummi
schmaddern	unsauber schreiben
schnieke	elegant
spack	sehr dünn
Spacko	sehr dünner Mann
Strippe	Schnur, Telefon
Töle	Hund

Berliner Orte

Baliin	Berlin
Damm	Straße
Goldelse	Siegessäule
Kastingallee	Kastanienallee im Prenzlauer Berg
Kotti	Kottbusser Platz
Kreuzkölln	beliebtes Ausgehviertel zwischen Kreuzberg und Neukölln
Marzipanien	Marzahn (Berliner Stadtteil)
Öffis	öffentliche Verkehrsmittel
Prenzlberg	Prenzlauer Berg
Späti	Kiosk
Schwangere Auster	Kongresshalle
Waschmaschine	Bundeskanzleramt

Inhalt

Ein besonderer Tag 7
Ausflug in der Nacht 26
Eine erste Überraschung 31
Neue Erkenntnisse 48
Geständnis! 62
Blutspur in Berlin 72
Verfolgung 80
Verstrickungen 101
Gefährlicher Plan 110
Einbruch! 115
Triumph auf der ganzen Linie! 127
Wo steckt Sandra? 136
Letzte Rettung 149
Kröten schlucken 158

Kleines politisches Wörterbuch 174
Kleines Wörterbuch des Berliner Dialekts 180

Andreas Schlüter wurde am 23. 5. 1958 in Hamburg geboren. Damit hat er am gleichen Tag Geburtstag wie die Bundesrepublik Deutschland. Bevor er mit dem Schreiben von Kinder- und Jugendbüchern begann, leitete er mehrere Jahre Kinder- und Jugendgruppen und arbeitete als Journalist und Redakteur. Mit dem ersten Band der Erfolgsserie »Level 4« gelang ihm 1994 der Durchbruch als Schriftsteller. Neben Kinder- und Jugendbüchern schreibt er auch Drehbücher, u. a. für den Tatort und krimi.de. Andreas Schlüter arbeitet in Hamburg und auf Mallorca.
Mehr auf www.schlueter-buecher.de

Daniel Napp wurde 1974 in Nastätten (Rheinland-Pfalz) geboren. Nach Abitur und Zivildienst im Krankenhaus absolvierte er von 1996 bis 2002 ein Designstudium in Münster mit dem Schwerpunkt Illustration. Seit 2006 arbeitet er in der Ateliergemeinschaft Hafenstraße in Münster. Er wurde bereits viermal für die Illustratorenschau zur Kinder- und Jugendbuchmesse in Bologna ausgewählt.

TULIPAN-Newsletter
Tolle Lesetipps kostenlos per E-Mail!
www.tulipan-verlag.de

© Tulipan Verlag GmbH, München 2016
Alle Rechte vorbehalten
1. Auflage 2016
Text: Andreas Schlüter
Coverillustration: Daniel Napp und Markus Spang
Bilder und Vignetten: Daniel Napp
Lektorat und Redaktion: Angela Mense
Layout und Satz: www.lenaellermann.de
Umschlaggestaltung: www.anettebeckmann.de
Druck: GGP Media GmbH, Pößneck
ISBN 978-3-86429-261-3

Actionreich

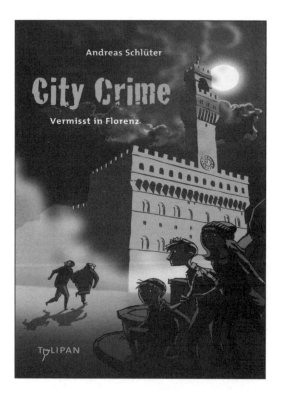

€ 11,95 (D)/€ 12,30 (A) • ISBN 978-3-86429-155-5

Endlich Ferien! Finn freut sich auf den Urlaub in Florenz mit seinem Vater und seiner Schwester Joanna. Doch dann verschwindet der Vater plötzlich. Und Finn und Joanna werden von unheimlichen Männern verfolgt. Schon bald ist klar: Der Vater hütet ein dunkles Geheimnis. Denn in seinem Notizbuch sind mysteriöse Codes notiert ...

»City Crime ist die passende Krimi-Reihe für alle, die gerne durch fremde Städte bummeln und dabei noch ein paar Vokabeln aufschnappen wollen.« **Stuttgarter Nachrichten**

tädtekrimis!

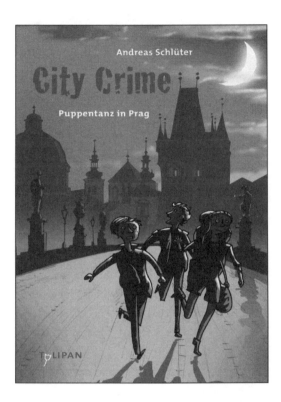

€ 11,95 (D) / € 12,30 (A) • ISBN 978-3-86429-219-4

Auf nach Prag! Finns Schwester Joanna hat Karten für ihre Lieblingsband in der goldenen Stadt gewonnen. Doch der Kurzurlaub wird zum Albtraum: Erst verschwinden die Karten. Dann bricht jemand ins Hotelzimmer ein. Finn und Joanna verfolgen bald eine Spur. Und geraten in die gefährlichen Machenschaften einer Drogenbande.

»Schlüter gelingt hier das Kunststück, Krimi und Reiseführer in eins zu gießen.« Letteraturen.de

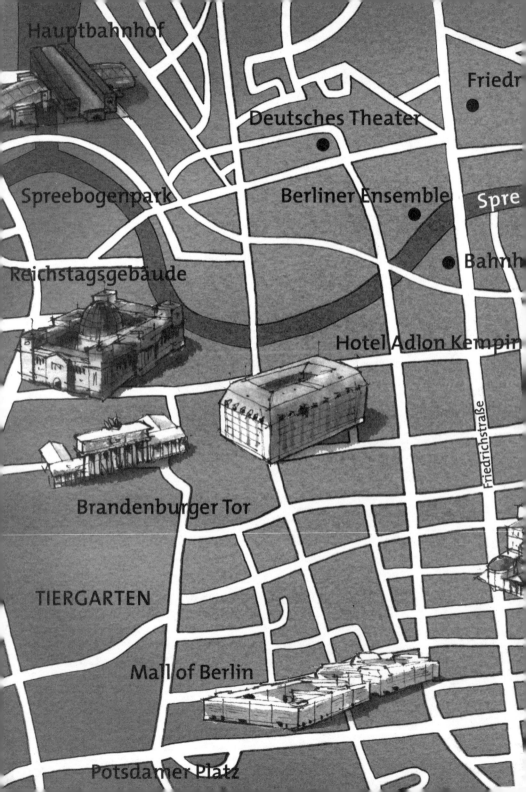